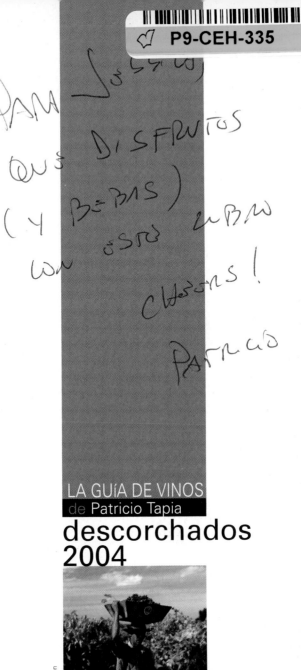

P9-CEH-335

PARA JULITO,
QUE DISFRUTES
(Y BEBAS)
CON ESTE LIBRO

CHEERS !

PATRICIO

LA GUÍA DE VINOS
de Patricio Tapia
descorchados
2004

Cosecha en J. Bouchon

Este libro no podrá ser reproducido, ni total ni parcialmente, sin el previo permiso escrito del editor. Todos los derechos reservados.

© Patricio Tapia, 2003
© Editorial Planeta, 2003
   Santa Lucía 360, piso 7
   Santiago de Chile

Diseño de cubierta y diagramación:
Peter Tjebbes

Diseño de interiores:
Erica Paluba

Fotografía del autor:
Álvaro de la Fuente

Primera edición: noviembre de 2003
N° de inscripción: 136185
IBSN: 956-247-329-5
Impresión: Quebecor World Chile S.A.

ÍNDICE
descorchados 2004

En el avión que me trae desde Nueva York a Santiago, un hombre se sienta a mi lado. Estamos a miles de metros de altura, en medio de la noche, sobre un punto indeterminado de Sudamérica, y este señor no tiene intensiones de dormir. Yo tampoco. Las degustaciones para esta nueva versión del Descorchados me tienen con las antenas paradas y ni las tres cervezas que me ha traído la azafata han logrado hacerme pegar los ojos.

-Usted es sommelier -me dice, indicando la pantalla de mi computador.

-No -le respondo-. Pero está cerca.
Le explico que escribo sobre vinos y que así me gano la vida. Él, por su parte, me dice que una vez asistió a una degustación que yo dirigí y que, si algo sacó en limpio de esa sesión, fue que no estaba ni remotamente de acuerdo con lo que yo dije sobre los vinos que catamos. Me pone en claro, además, que lleva bebiendo vinos desde mucho antes de que esta *tontera* -así la llama- se volviera una moda y que lo que siente cada vez que bebe un buen vino es una alegría que no tiene nada que ver con emborracharse. Simple y pura alegría.

-Y usted que es sommelier debiera saberlo -me aclara.
Pasan unos segundos de silencio. Él sonríe, mientras yo trato de asociar su cara con la sesión de cata de la que habla, pero me resulta imposible. Finalmente, el hombre me recuerda que, entre los asistentes a esa degustación, él era el más viejo, el que tenía más experiencia.

En ese momento no logro adivinar hacia dónde va la conversación. El hombre debe andar por los sesenta, quizás sesenta y cinco. Oficialmente no lo definiría como un viejo.

-Cuando yo estaba tomando Gran Tarapacá –remata- usted recién estaba aprendiendo lo que era la Coca-Cola.

Sí, ya lo sé. El comentario suena ofensivo, pero la verdad es que el tono de su voz tiene algo extrañamente conciliador, una cierta calidez. Más que pedirle que vuelva a su asiento, lo que me dan ganas es decirle que sí, que es verdad, que a pesar de todos los vinos que he probado en mi vida, no puedo comparar las botellas de mi memoria con las suyas. Y es entonces cuando recuerdo a mi abuelo recibiendo cajas de vino en la puerta de su casa, en la calle Martín de Zamora.

Es, con casi total seguridad, el invierno de 1977. Mi abuelo abre la gran puerta blanca de su casa y recibe a un hombre cargado de cajas con vino Tarapacá, tinto, sin cosecha, sin la variedad, pero con su nombre impreso en las etiquetas: Leodegar Tapia.

El hombre deja la pila de cajas en el hall y mi abuelo las abre pacientemente y examina una a una las botellas. Ve con orgullo su nombre en las etiquetas y luego las comienza a ordenar en el closet, o lo que él mismo -y no sin cierta solemnidad- llama "su pequeña cava".

Esa noche mi abuela sirve la comida y mi abuelo descorcha una de sus botellas. Lo hace con calma. Antes de retirar la cápsula, nos explica que se trata de un tinto del Maipo y que no nos preocupemos de su aspereza, que eso es normal, que incluso es lo adecuado. El líquido viscoso que repleta mi pequeña copa -una copa de vidrio grueso,

verde agua- tiene un aroma ácido. Es lo primero que se me viene a la cabeza cuando lo recuerdo. Comparándolo con el dulce aroma del Milo que mi abuela me preparaba para el desayuno, ese aroma resulta insufrible. Y mientras mi abuelo levanta su copa, yo pienso en la forma de engañarlo, de hacerle creer que bebo un sorbo.

Luego del brindis pide mi opinión. Me pregunta sobre la textura del vino, sobre su aroma. Me pregunta cómo definiría lo que siento al tragarlo. Lo único que siento es acidez. Y astringencia, una palabra que aprendería muchos años más tarde.

Luego de la comida, mi abuelo y mi abuela se sientan en el living a escuchar música. Conversan de sus proyectos, acabando lo que queda de la botella. Quizás –como me gusta recordar ahora- hablan también de lo que esperan de la vida, de cómo enfrentarán los años que les quedan, de los éxitos y de los fracasos que han vivido y de las lecciones que han aprendido en el intento por ser felices.

Recuerdo, por último, la tibia sensación de mi cama y el sueño abrazándome lentamente mientras escucho a mis abuelos reír.

Por los parlantes, el capitán nos advierte que estamos entrando en zona de turbulencia. Es necesario abrocharse el cinturón de seguridad. Algo más de cuatro horas de vuelo nos separan de Santiago. Aparte de esas cuatro horas, en términos prácticos –y según lo que hemos programado con mi equipo de degustación-, tengo dos horas más de trámites de aduanas, taxi y quizás una siesta. Y luego a catar.

-Sí, tiene razón -le digo al hombre. Él sonríe y vuelve a su asiento, mientras yo me quedo pensando que, a pesar de lo que se me viene encima, casi se me van los pies por comenzar las degustaciones, por aprender lo que los productores de vinos chilenos tienen que mostrar. A pesar de que he hecho esto por seis años, me siento feliz. Con ganas, con optimismo.

Bienvenidos a Descorchados 2004.

Patricio Tapia
Octubre 2003
ptapia@planetavino.com

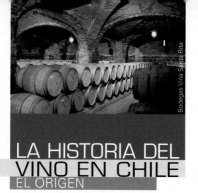

Bodegas Viña Santa Rita

LA HISTORIA DEL VINO EN CHILE
EL ORIGEN

Como en todo el continente americano, el cultivo de la vid para producir vino es en Chile una cultura importada desde Europa. Fueron los conquistadores españoles –hacia el siglo XVI– los que trajeron las primeras parras, principalmente de las cepas País y Moscatel. El objetivo era beber, por cierto, pero también celebrar la eucaristía y completar así uno de los ritos más importantes del cristianismo.

La historia cita a don Francisco de Aguirre como el primer viticultor nacional. De Aguirre plantó parras en Copiapó y efectuó su primera cosecha en 1551. El pionero en el Valle de Maipo, en tanto, habría sido don Juan Jufré de Loayza y Montesa, quien ya hacia 1554 tenía una respetable producción de tintos en los alrededores de Santiago.

¿Pero cómo era aquel vino? Probablemente muy malo, porque las condiciones de vinificación eran paupérrimas. Lagares contaminados, vasijas de guarda de materiales inadecuados, fermentaciones a temperaturas extremas, con una materia prima poco cuidada. Todos estos detalles deben haber dado vinos con una acidez volátil alta (gusto a vinagre) y con aromas y sabores no del todo recomendables.

Pero tras esos problemas había una fruta crecida en excelentes condiciones climáticas, por lo que puedo presumir que en el fondo, si se les prestaba atención, esos vinos no eran del todo descartables; o, al menos, resultaban aceptables en una época en que la enología era más bien una actividad empírica.

La invención de la escritura

El paso de la prehistoria a la historia de la humanidad radica en un hecho fundamental: la invención de la escritura. En el caso del vino chileno, me gusta pensar que esa frontera se cruzó cuando las primeras vides finas fueron importadas desde Europa.

En 1851, don Silvestre Ochagavía trae desde Francia un paquete con merlot, cabernet sauvignon y riesling, en reemplazo de sus muy criollas cepas país, y lo planta en su predio de Talagante, en pleno Valle del Maipo.

El común de los mortales en Chile cita a don Silvestre como el pionero en este paso fundamental. Sin embargo, en 1998, José del Pozo -un historiador chileno avecindado en Canadá- vino a remover el piso con su libro Historia del Vino Chileno (Editorial Universitaria), asegurando que fue el francés Nourrichet quien importó en 1845 las primeras vides europeas para plantarlas en la viña La Luisa. De cualquier forma, el ejemplo fue prontamente seguido por otros acaudalados hombres enriquecidos por la minería o por la agricultura extensiva en el Valle Central.

Pero hubo otro hecho que también marcaría esos primeros años. Durante la segunda mitad del siglo XIX un bicho, conocido por su afición a comer raíces, casi acaba con la viticultura europea. La Filoxera

Casa Silva

La Viña más Premiada de Chile

...porque, además de haber obtenido el mayor número de medallas de Oro y Gran Oro el último año, considerando concursos nacionales e internacionales, se ha hecho acreedora de los siguientes reconocimientos..."

Concurso "Asociación de Enólogos de Francia", VINALIES 2003
Viña Más Premiada del Mundo

International Wine & Spirit Competition, Londres
Año 2000, premiada "Mejor Productor de Sudamérica"
Año 2002, nominada a Mejor Productor Chileno
Año 2003, nominada a Mejor Productor Chileno

Concurso CATAD'OR HYATT
2000, 2001 y 2002: La Viña más Premiada de Chile.
2003 : La Viña con mayor número de medallas de Oro

Concurso Asociación de Enólogos de Brasil, 2002
Viña más premiada del concurso
Única Gran Medalla de Oro del concurso, obtenida
con el vino Premium QUINTA GENERACIÓN TINTO 2000
del Fundo Los Lingues, Valle de Colchagua

Fundación Chile, Revista LA CAV, resumen final 2002
1er y 2do lugar del ranking entre todos los vinos
catados durante el año, en todos los rangos incluyendo
Ultra Premiums.

comenzó su ataque en el Ródano, al sur de Francia, aproximadamente en 1863. Luego se expandiría por las principales regiones vitivinícolas de Europa, dejando una nube de incertidumbre y escasez de trabajo para los enólogos, algunos de los cuales emigrarían a Chile para aportar sus conocimientos. El primero entre ellos fue Joseph Bertrand, quien vino a dirigir las plantaciones de don Silvestre en la viña Ochagavía.

Estos hechos modificarían dramáticamente la calidad del vino en nuestro país y, por cierto, sentarían las bases para lo que vendría varios años más adelante.

La temida Filoxera

Chile aún no ha sido atacado por la Filoxera, lo que lo convierte en una de las pocas regiones en el mundo que sostiene una viticultura de "pie franco". ¿Qué significa eso?

Luego de muchos intentos fallidos, finalmente se dio con la solución a la enfermedad. La Filoxera gusta de raíces de Vitis Vinífera, familia que incluye a las variedades consideradas como "finas": cabernet sauvignon, carmenère, etc. Sin embargo, con otro tipo de familias, como la Vitis Americana, se le quita el apetito. El remedio fue injertar la parte inferior del tronco (incluyendo la raíz) de una Vitis Americana, sobre la parte superior de una especie de Vitis Vinífera. Este sistema llamado de "porta-injerto" se opone al de "pie franco" en donde toda la parra, desde la punta de las hojas hasta la punta de la raíz, es de una sola especie de Vitis Vinífera.

Desde este punto de vista, que Chile tenga una viticultura de pie franco implica una suerte de patrimonio, sobre todo si suponemos que algunas de las vides reproducidas hoy eventualmente pueden ser bisnietas de aquellas que importaron en el siglo XIX. En el papel, eso puede ser un gran baluarte para los chilenos; sin embargo, es una realidad que la importación de clones de parras resulta una costumbre cada vez más en boga entre los productores chilenos, hasta la punto que, por ejemplo, tener el clon X de syrah o el Y de merlot representa una oportunidad para mejorar el producto de cara a la demanda mundial.

Yo estoy en el grupo de los que sueñan con que los mejores vinos chilenos se originan en reproducciones del material original que llegó al país y que logró adaptarse a las condiciones en donde fue plantado. Lo alucinante de esta posibilidad es que esas viejas parras con más de cincuenta años pueden ser hijas de ancestros europeos, pero su larga estadía bajo las peculiares condiciones del viñedo en donde han vivido les da una personalidad propia, irrepetible.

La mala y buena noticia es que aunque yo compre un clon en el Ródano y lo transplante a Colchagua, siempre el resultado será diferente, porque las condiciones son diferentes. Sin embargo, la descendencia de esas viejas parras transplantadas hace más de un siglo es más chilena, más cercana a nuestra idiosincrasia, sin ningún porta injerto que haya distorsionado esa larga relación con el suelo. Y eso es lo más apasionante.

¿Por qué Chile nunca ha sido atacado por la Filoxera? Famosos ampelógrafos (especialistas que se dedican a estudiar la parra) como Deborah Golino y Andrew Walker, de la Universidad de Davis, en California, han señalado que quizás la fuerte irrigación asociada a los suelos predominantemente arenosos del Valle Central ha provocado que la Filoxera no se multiplique.

¿Pero dónde quedan los viñedos de secano de la costa o los centenares de hectáreas sometidas al riego por goteo sobre suelos nada de arenosos? La teoría de Golino y Walker parece desarmarse en esos casos o, al menos, sus excepciones no dan para analizarlas en un libro como éste. De todas formas, ellos y otros especialistas creen que Chile tiene Filoxera latente, y que sólo la suerte puede explicar su nula propagación.

El renacimiento

El tercer hito clave fue la llegada de Miguel Torres en 1978, con su batería de cubas de acero y nuevos métodos de vinificación que desempolvaron la fruta escondida por años tras fermentaciones oxidativas, en el caso de los blancos, o tras el uso de maderas de raulí, en los tintos.

Los detalles tecnológicos empezaron a ser parte del cotidiano de los enólogos, quienes hacia la década de los 80 adquirieron el estatus de estrellas en el naciente y cada vez más de moda mundo del vino.

A fines de esa década, gracias a políticas económicas que incentivaron las exportaciones, Chile comenzó a mostrar sus vinos fuera de sus fronteras. Por esos años se empezó a hablar de la fruta del vino chileno y, por cierto, de su muy buena relación entre el precio y la calidad. Ese hecho fue la verdadera puerta de entrada para conquistar mercados externos y para que el sector vitivinícola, ya de cara a los años 90, se convirtiera en uno de los más dinámicos de la economía.

Pero tal como sucedió en otras naciones productoras del Nuevo Mundo, los avances en los métodos de vinificación pronto pasaron a ser un complemento y no la base de la calidad. Durante la década de los 90 se comienza a hablar del viñedo, de la materia prima necesaria para lograr buenas uvas, de sistemas de conducciones de viñas, de clones específicos, de laderas, de suelos y climas asociados a la gran calidad.

Esa preocupación trajo consigo muchos adelantos, entre ellos el descubrimiento del carménère. Cuando sea el turno de hablar de las variedades que se producen en el país, me gustaría profundizar más en este tema, así es que por el momento sólo quiero que tengan en mente que poner orden en la viña permitió en buena parte que el carménère saliera a flote.

Hay muchos temas hoy en el tapete vitivinícola chileno: la sobre plantación de parras, el diseño de vinos premium, el tratar de luchar contra esa etiqueta de productores de vinos buenos pero baratos o la competencia feroz en el mercado externo. Sin embargo, existe un tema que a mí me gusta especialmente y que se relaciona con la labor de algunos productores que no sólo buscan vinos de gran calidad, si no que representen además su lugar de origen. Ese tema es un punto importante en esta guía. Ya lo verán.

LAS PRINCIPALES
CEPAS EN CHILE

SAUVIGNON BLANC

La mayoría de lo que se conoce en Chile como sauvignon blanc es, en realidad, sauvignon vert o sauvignonasse, una suerte de pariente pobre que ofrece vinos algo más rústicos, dominados por una nota que entre los enólogos es descrita como "sudor de caballo" o "cebolla". Cuando ese aroma manda, puede llegar a ser algo desagradable, pero cuando se muestra acompañado de frutas blancas frescas, resulta hasta atractivo.

Pero las diferencias entre ambas variedades van algo más allá. La parte inferior de las hojas del sauvignon blanc, por ejemplo, está llena de pelitos blancos diminutos, mientras que las del sauvignon vert carece de ellos. El sauvignon blanc tiene un ciclo de madurez levemente más tardío, mientras que el vert alcanza con rapidez la cantidad de azúcar necesaria para la cosecha.

En zonas más frías, como los faldeos cordilleranos de Curicó o el Valle de Casablanca, el sauvignon comienza a brindar intensidad y, según mi opinión, puede llegar a ser cien veces más interesante que el más elegante de los chardonnay chilenos. ¿Por qué? Simplemente porque esta variedad, al no ser vinificada usando madera o realizando la fermentación maloláctica, tiende a expresar con mucha mayor claridad el lugar de donde viene. Catar un buen sauvignon de Casablanca es sentir cómo las brisas frías del Pacífico rozan las mejillas; es recibir el aroma de las hierbas húmedas bajo la neblina que cae sobre la madrugada en el valle.

CHARDONNAY

El chardonnay tiene mil caras y muchas de ellas dependen del estilo de vinificación que se adopte. Por un lado está la barrica y sus notas tostadas. Por otro, la fermentación maloláctica o, más claro, la transformación del duro ácido málico en el más suave ácido láctico. Este proceso natural, que puede ser inducido o no, agrega al chardonnay notas lechosas, aromas a mantequilla, a yoghurt, mientras que la acidez baja considerablemente, dando al vino una sensación más dulce. Y finalmente, el contacto con las lías, o restos de levaduras muertas, que añaden una mayor profundidad aromática y gustativa.

Sin embargo, tras todos esos detalles está la fruta que nos habla directamente del lugar en donde ha madurado. Y si de ese tema se trata, tengo que insistir en que el clima general de Chile es cálido, lo que implica notas a frutas maduras: duraznos cayéndose del árbol antes que manzanas verdes, para ponerlo en términos simples.

planeta vino

Todo sobre el **Vino**

Todos los días

www.planetavino .com
reportajes • entrevistas • foros • concursos

Al igual que en el caso del sauvignon, en Casablanca se registran los ejemplos más interesantes, especialmente aquellos vinos en los cuales se ha evitado la crianza de barricas y la fermentación maloláctica. La expresión pura de la variedad otorga frutas frescas y limpias, gracias a una madurez más tardía producto de un clima más frío.

Aunque hoy es un problema menos extendido, en Chile todavía muchos chardonnay catalogados como Reserva tienden a abusar de la madera, anulando gran parte de la expresión frutal.

CARMENÈRE

Para muchos esta cepa tinta puede ser la gran bandera de la viticultura chilena, ya que es el único país que -hasta el momento- produce y etiqueta vinos con ella. Sin embargo, es una cepa compleja que, para obtener calidad, exige un arduo trabajo a nivel de viñedo. Veamos.

El carmenère tuvo su apogeo en Burdeos antes del ataque de la Filoxera, una plaga que azotó las viñas europeas hacia 1860. Sin embargo, luego de que se encontrara la cura, esta cepa no volvió a su sitial de privilegio. Poco productiva y con un ciclo de madurez demasiado tardío para el clima de esa región, finalmente fue reemplazada por una variedad considerada por ese entonces como menor: el merlot.

Hacia 1850 Chile comenzó a importar las primeras cepas finas para mejorar la calidad de sus tintos. Hasta ese momento se elaboraban con País (o Mission), la variedad que trajeron los conquistadores españoles. Francia -sobre todo Burdeos- era el gran ejemplo de calidad, así es que resultó lógico que de allí se trajeran cepas. Pero ¿se sabía exactamente qué se estaba importando?

Hace un siglo y medio la identificación de las cepas en el viñedo no era algo común en Burdeos. Sólo luego de la crisis de otra enfermedad (el Oidium), hacia 1853, el panorama se comenzó a ordenar. "Hasta el momento, una impresionante cantidad de variedades coexistían en una misma parcela", asegura el bordolés Gérard Aubin, coautor del libro "Bordeaux, Vignoble Millénaire". Lo más probable, entonces, es que los chilenos que viajaron a Burdeos eligieran un puñado de plantas de aquella parcela que, en el mejor de los casos, daba mayor calidad. Mezclada entre cabernet sauvignon, merlot o cabernet franc, el carmenère llegaría a los viñedos chilenos del Valle Central algunos años antes de que desapareciera por completo de su Burdeos natal, debido al ya mencionado ataque filoxérico.

Sin embargo, pasó mucho tiempo antes de que se descubriera su identidad y se dejara de confundir con el merlot. Las razones de tal confusión no son precisas. El carmenère madura un mes más tarde que el merlot, sus hojas son distintas, sus racimos son diferentes, así es que sólo me queda pensar que la suavidad de ambas variedades y sus notas aromáticas "dulces" pueden haber dado pie a que alguien dijera: "vaya, esto es muy suave para ser cabernet sauvignon. Debe ser, entonces, merlot".

El ampelógrafo Francés Claude Valat fue el primero en asegurar que esta cepa no era merlot, mientras que en 1994 -a propósito del VI Congreso Latinoamericano de Viticultura y Enología realizado en Chile- se logró identificar como carmenère. El certamen contó con la visita de

Jean Michel Boursiquot -ampelógrafo de Montpellier- a quien hoy se le considera el verdadero responsable del descubrimiento.

Pero como les dije al comienzo, el carmenère es exigente e implica un desafío para el viticultor. Su abundancia de hojas en desmedro de racimos (o que se "vaya en vicio" como dicen los campesinos chilenos), su madurez tardía, su tendencia a la corredura (mala fecundación luego de la floración, es decir, menos uvas) y su extrema sensibilidad a altos rendimientos, son los principales problemas a solucionar.

De gran color, de taninos suaves y acidez baja, el carmenère engaña. Muchas veces los índices de alcohol probable y acidez en la uva son los adecuados para la cosecha, pero sus aromas aún huelen verdes y ese es el problema de muchos carmenère, aunque ustedes puedan escuchar que no, que se trata de una característica de la variedad.

Esperar es la clave para evitar que dominen las notas a pimentón verde. Esa espera es recompensada con aromas maduros, achocolatados algunas veces. Su intenso color, sus taninos suaves como el terciopelo y su acidez amable, son el premio a la paciencia.

CABERNET SAUVIGNON

Hasta que otra cepa diga lo contrario, no cabe duda que el cabernet sauvignon es la variedad que da mejores resultados en Chile. Este éxito puede tener muchas explicaciones. Algunas de ellas se relacionan con el clima relativamente cálido y asoleado que necesita esta cepa para madurar; siendo precisamente, ese el tipo de clima que impera en la mayoría de las áreas vitícolas del país. También es probable que la experiencia de más de 150 años con la variedad tenga mucho que ver con sus buenos resultados, como el hecho de no tratarse de una cepa tan demandante en el viñedo, como el carmenère o el pinot noir, por dar dos ejemplos clásicos.

De cualquier forma, cada año las degustaciones para esta guía me demuestran que los vinos más interesantes en Chile tienen siempre una mayor o menor proporción de cabernet. Y eso no es, por cierto, una simple casualidad.

Sin embargo, esta cepa tiene muchas caras, las cuales dependen del lugar en donde crecen sus uvas. En las zonas más cercanas a la Cordillera de Los Andes, el cabernet tiende a ser más especiado, con una acidez mayor y con taninos firmes y punzantes. En las áreas más cálidas de los planos del Valle Central, los cabernet suelen

Viñedos de Viña Montes en Apalta

ser más confitados, con aromas a frutos rojos o negros bien maduros, con una acidez menor y con taninos más redondos. En zonas frías como el Valle de Casablanca, el frescor de la fruta roja aparece sobre cuerpos medios a ligeros, dominados por una acidez crujiente.

Y también tenemos los aromas a eucaliptos, para muchos el gran descriptor del cabernet sauvignon chileno. ¿Pero cuál es el origen de esa nota aromática? Aquí me resulta difícil darles una respuesta más o menos concluyente. Digamos, para comenzar, que algunos viticultores, con los que he conversado acerca del tema, afirman que los culpable son precisamente los árboles de eucalipto que rodean el viñedo; asunto que resulta muy probable, ya que tanto en Macul como en Puente Alto estos árboles abundan.

La experiencia de estos viticultores les dice que cuando los han cortado, el aroma se ha reducido notablemente o ha desaparecido por completo. Esta tesis descarta de inmediato la posibilidad de que el eucalipto sea un aroma propio y único del cabernet chileno, puesto que estos árboles no son exclusivos de este país, claro.

Otra teoría habla de un problema de falta de madurez o, cuando menos, de una carencia de madurez aromática cuando los taninos, la acidez o el azúcar han llegado a su punto de cosecha en la uva. Con esto en mente, hace un tiempo tuve la ocasión de catar varios vinos de las zonas de Macul y Puente Alto y pude descubrir que en los años menos calurosos (el 98 ó el 96, por ejemplo), cuando la falta de madurez aromática puede ser algo factible, los eucaliptos aparecían con mayor fuerza.

Enrique Tirado, enólogo de Concha y Toro y responsable de Don Melchor, cuenta que en el fundo El Tocornal deben haber unos diez árboles de eucalipto. La cosecha para este vino se realiza por secciones, según los momentos de madurez de cada una de ellas. En este sentido, la experiencia le dice que no necesariamente las vinificaciones de esos sectores cercanos a los árboles ofrecen aromas a eucaliptos, sino que se trata más bien de una nota que aparece durante la fermentación. "Yo no me explico en realidad de dónde viene", dice Enrique.

De todas formas, y hasta donde yo sé, no hay un estudio serio al respecto. Así es que, por el momento, me interesa hablarles brevemente del lado oscuro del eucalipto. En primer lugar, puede que les guste ese aroma. Nadie puede culparlos por ello. El punto es que cuando arrasa con todo lo demás, la nariz se vuelve monótona, unidimensional. Contra ello es la lucha, porque la idea es que los aromas sean diversos, que una nariz entregue muchas cosas y no sólo una. Complejidad, al fin de cuentas.

MERLOT

Como por mucho tiempo se pensó que el carmenère era en realidad merlot, se tuvo una idea errónea de las características de esta cepa. Sólo a partir de 1994 se ha comenzado a diferenciar ambas variedades en busca de identificarlas no sólo en el viñedo, sino también en la copa.

¿Cómo es el merlot de Chile entonces? En principio rigen las mismas diferencias geográficas que para el cabernet sauvignon: más especiados y frescos en las zonas frías cercanas a Los Andes o al mar, y más golosos, dulces y generosos en cuerpo en las áreas cálidas de los planos del Valle Central, encerrados entre la Cordillera de la Costa y de Los Andes.

El merlot comparte con el carmenère esas notas aromáticas dulces, cercanas a las frutillas o a las cerezas maduras. Sin embargo, con dos ejemplos característicos, ustedes podrán ver que el merlot parece más especiado y que sus frutas son menos maduras. A la vista, el merlot suele ser menos profundo en color. En la boca, su acidez es más alta y, generalmente, el cuerpo es más ligero.

Lo que quiero que tengan claro -para terminar con estas odiosas generalizaciones- es que mucho del merlot etiquetado como tal todavía sigue siendo carmenère o bien mezclas de merlot, carmenère, malbec o cabernet franc nacidas en la viña. El verdadero interés por diferenciar las cepas y ordenar las cosas en el viñedo es reciente, así es que todavía queda mucho por hacer.

Por el momento pueden tener una aproximación más o menos rigurosa con aquellas viñas que ofrecen tanto carmenère como merlot, lo que en teoría significa que han diferenciado en la viña lo que por mucho tiempo estuvo confundido.

SYRAH

Con la misma voluptuosidad del cabernet sauvignon, pero con taninos más redondos y con una jugosidad más acentuada, el syrah es una cepa tinta con un innegable espíritu comercial. Allí están para ratificarlo los grandes del Ródano, al sur de Francia, o muchos fantásticos shiraz australianos.

Según un estudio realizado por la Viña Errázuriz, las primeras plantas de syrah fueron traídas desde Francia a mediados del siglo XIX por Alejandro Dusaillant, como parte de una importación que incluyó más de quinientas especies.

Ese material fue plantado en Curicó, en lo que hoy es el viñedo de Miguel Torres. Sin embargo, hacia principio de los 70 -debido a la Reforma Agraria- esta propiedad fue subdividida y la colección se destruyó por completo.

La Viña Errázuriz retomó el camino del syrah en 1993, importando nuevamente desde Francia tres clones que fueron plantados en la propiedad de la bodega, en el Valle de Aconcagua. Y ese fue el comienzo de una suerte de boom que ha llevado las hectáreas plantadas con esta cepa de 19 en 1996 hasta 2.039 en el año 2000. Un nada despreciable aumento.

Con el syrah ocurre algo que no sucede con otras variedades en Chile: hay una identificación clonal precisa, debido a que su reproducción sucedió cuando los viticultores chilenos ya se estaban preocupando con seriedad de las parras en la viña.

Los clones de una determinada cepa han sido asignados de acuerdo a las peculiares características y comportamientos de ciertas parras. Por ejemplo, el clon X tiene granos más grandes que el clon Z y, por lo tanto, produce más vino, aunque no de tanta concentración. Si yo, en tanto productor, busco obtener vinos con gran cuerpo, voy al vivero y pido el clon Z. Esa es más o menos la idea.

De acuerdo al estudio de Errázuriz, actualmente hay en Chile 4 clones disponibles de syrah; el 99, el 100, el 300 y el 174. Ed Flaherty, enólogo de esta bodega, asegura que el 174 le permite obtener rendimientos moderados y complejidad gustativa, mientras que el 300 produce granos pequeños de gran concentración.

Si pensamos que el syrah es una variedad tardía y, por lo tanto, necesita de climas cálidos para lograr una madurez óptima, no es tan arriesgado decir que Chile puede ser un buen lugar para su producción. Aunque los primeros intentos de Errázuriz, Montes o Caliterra valen la pena, no se debe olvidar que la primera versión destacable de syrah fue vinificada por Errázuriz gracias a la cosecha de 1996, es decir hay muy poco tiempo.

Viñedos de Viña Errázuriz en Aconcagua

EN ESTA NAVIDAD
REGALE
LAS MEJORES NOVELAS DEL AÑO

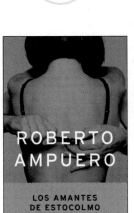

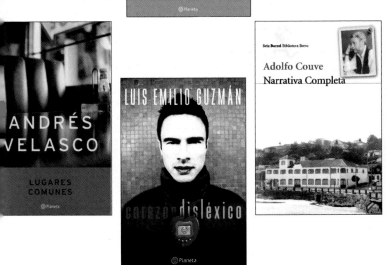

baile de la victoria ANTONIO SKÁRMETA / *Los amantes de Estocolmo*
ﾍBERTO AMPUERO / *Happy Hour* CLAUDIA ALDANA / *Lugares comunes*
NDRÉS VELASCO / *Corazón disléxico* LUIS EMILIO GUZMÁN / *Narrativa*
mpleta ADOLFO COUVE

LA VENTA EN LAS MEJORES LIBRERÍAS DEL PAÍS

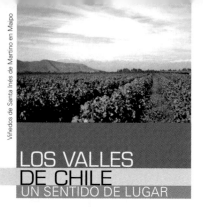

Viñedos de Santa Inés de Martino en Maipo

LOS VALLES
DE CHILE
UN SENTIDO DE LUGAR

Uno de los detalles más apasionantes del vino es que sus características están fuertemente influidas por su lugar de origen, es decir, por las condiciones de suelo, de topografía y de clima en las que maduran sus uvas. En un país largo como Chile, necesariamente existen diferencias que se reflejan en los vinos que cada región ofrece al público.

Estas diferencias se basan, primero que nada, en la latitud. Las zonas más cercanas al Ecuador reciben los rayos solares en un ángulo de inclinación mucho más pronunciado que las que se encuentran hacia el sur; lo que, por cierto, redunda en mayores temperaturas. De la misma forma, las precipitaciones son más intensas en el sur. Como dato, mientras en Aconcagua, hacia el norte, las lluvias acumuladas anualmente llegan en promedio a los 200 mm., en el Bío-Bío, hacia el sur, esa cifra se eleva por sobre los 1.000 mm.

Las diferencias en Chile se presentan también de Este a Oeste, y de acuerdo a ciertas características mesoclimáticas que se crean a partir de topografías determinadas. Para ponerlo de una forma más simple, el clima de un viñedo encerrado entre cerros y ubicado en los planos occidentales del Valle del Maipo será, sin duda, más caluroso que una viña a los pies de Los Andes, que recibe los fríos vientos que bajan de la cordillera durante las últimas horas de la tarde.

Pero así como Los Andes resulta una fuerte influencia en el clima, también el Océano Pacífico y la Corriente de Humboldt que lo recorre. Es probable que en más de una ocasión hayan lanzado alguna palabrota tras meter las canillas, en pleno verano, a las frías aguas de la Costa Central. Pues bien, ese frío se desplaza hacia los sectores cercanos al mar e influye moderando las temperaturas como si se tratase de un sistema de aire acondicionado. Así por ejemplo, el Valle de Casablanca es conocido por sus tardes frías y mañanas brumosas: Humboldt y el mar tienen la culpa.

¿Cómo se reflejan estas condiciones en el vino? Cuando la uva se acaba de formar, su color es verde, su textura es firme, predomina en ella el sabor ácido y sus aromas son vegetales. A medida que madura pierde gran parte de esa acidez, comienza a acumular azúcares gracias a la fotosíntesis, forma antocianas que colorean el grano (especialmente en las tintas) y sus aromas pasan de vegetales a maduros.

En un clima cálido y asoleado, ese proceso se realiza de una forma más rápida. La pérdida de acidez es mayor y la acumulación de azúcares (que luego se convertirán en alcohol durante la fermentación) es más acentuada. Lo que ustedes deben esperar en un vino de clima cálido, entonces, es una acidez disminuida ante el grado de alcohol y los aromas maduros: mermelada de guinda antes que cerezas frescas.

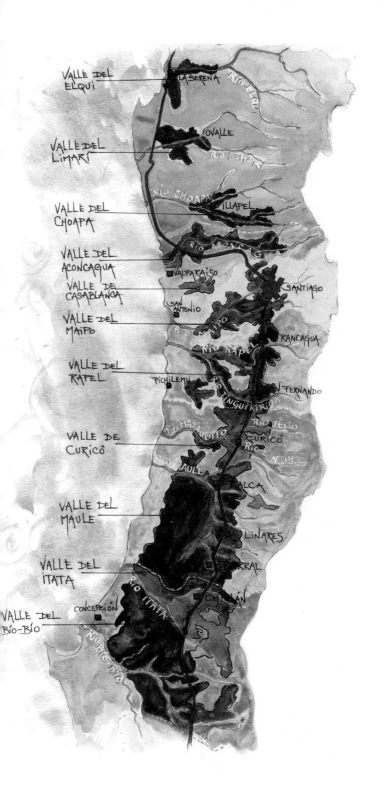

VALLE DEL
ELQUI

LA SERENA

RÍO ELQUI

OVALLE

VALLE DEL
LIMARÍ

RÍO LIMARÍ

RÍO CHOAPA

ILLAPEL

VALLE DEL
CHOAPA

RÍO ACONCAGUA

VALLE DEL
ACONCAGUA

VALPARAÍSO

VALLE DE
CASABLANCA

SANTIAGO

SAN
ANTONIO

VALLE DEL
MAIPO

RÍO MAIPO

RÍO RAPEL

RANCAGUA

VALLE DEL
RAPEL

PICHILEMU

RÍO TINGUIRIRICA

N FERNANDO

RÍO MATAQUITO

RÍO TENO

VALLE DE
CURICÓ

CURICÓ

RÍO LONTUE

RÍO MAULE

VALCA

VALLE DEL
MAULE

LINARES

VALLE DEL
ITATA

PARRAL

VALLE DEL
BÍO-BÍO

CONCEPCIÓN

RÍO ITATA

CHILLÁN

RÍO BÍO BÍO

Por el contrario, en climas fríos el proceso de maduración es más lento y, al momento de la cosecha, una buena parte de acidez todavía está en el grano, mientras que la cantidad de azúcares no es tan alta. El vino será menos alcohólico y les dará una mayor sensación de frescor asociada a la acidez y a los aromas.

En la sección de catas de esta guía ustedes podrán ver que a cada rato comento sobre la fruta con la que fue elaborado el vino y especulo sobre su madurez o sobre el lugar en donde crecieron. Para complementar esos datos, a continuación les presento un pequeño resumen de los principales valles vitícolas de Chile y la forma en que cada uno moldea sus vinos de acuerdo a las características del lugar.

VALLE DEL LIMARÍ

Cuando en 1995 Carlos Andrade, ex-Gerente Técnico de la Viña Francisco de Aguirre, presentó el proyecto vitícola en la IV Región, muchos -entre los cuales me incluyo- se mostraron escépticos. ¿Cómo lograr calidad en una zona productora de uva para pisco que sobrepasa fácilmente los 15° de alcohol?

Es probable que mi imagen del proyecto, sin nunca haberlo visitado, se relacionara con el Valle del Elqui, algunos kilómetros más al norte. Ese sector, encerrado entre cerros, caluroso y seco, es una zona perfecta para uva de destilación. El termómetro sube durante la tarde y ayuda a que la maduración del moscatel sea vertiginosa.

El Valle del Limarí es otra cosa. La cuenca del río del mismo nombre es mucho más abierta, lo que implica sectores en planos o en laderas de menor pendiente en donde plantar y donde la ventilación es mucho mayor. Ese detalle, sumado a la influencia del mar que entra al valle debido a las bajas alturas de la Cordillera de la Costa, implica un retardo en la madurez y, por consiguiente, vinos más equilibrados.

Hoy el valle renace. Nuevas bodegas como Tamaya o Tabalí y una ruta del vino que recien este año se organiza, abren por fin este valle al consumidor. Veamos qué sucede en el futuro cercano. Estén atentos.

Si observan el mapa, se darán cuenta que el Valle de Aconcagua se forma gracias a la cuenca del río del mismo nombre que baja de Los Andes. Flanqueando al río se pueden ver las montañas. Las más orientales corresponden a Los Andes, mientras que las occidentales son parte de la Cordillera de Costa.

Estamos en un clima semidesértico. De hecho, las lluvias apenas alcanzan los 200 mm. y se concentran exclusivamente en el invierno. En el valle hace calor, por supuesto. Pero afortunadamente existe el viento que alivia los calores del verano y, de paso, permite que las uvas retarden algo más su cosecha.

En el medio del valle está el pueblo de Llaillay, vocablo que en idioma autóctono quiere decir "viento-viento". Pues bien, pasar por Llaillay es recibir una buena ventolera, la que, aunque sigue aliviando el calor, pierde dramatismo en zonas más protegidas entre montañas, como los viñedos de Errázuriz en Panquehue.

Según un reporte de esta bodega, la ventilación del valle se origina en las diferencias de presión resultantes de las fuertes oscilaciones térmicas (diferencia de temperatura entre el día y la noche) que existen en las zonas cercanas a Los Andes, versus la menor oscilación que se advierte cerca del mar, debido al efecto moderador del Pacífico.

En la mañana corre un viento frío que viene del mar y, por la tarde, un viento cálido que se origina en el calor acumulado por las laderas de la cordillera.

De acuerdo a los viticultores de la zona, los viñedos ubicados en los planos cerca del lecho del Aconcagua tienden a ofrecer una madurez más tardía que aquellos que se encuentran sobre las laderas a ambos lados del río. De la misma manera, a medida que nos acercamos hacia el mar las temperaturas descienden, lo que redunda en una cosecha más tardía.

Hacia el occidente, Errázuriz ha realizado dos nuevas plantaciones en busca de las brisas del Pacífico. Las Vertientes se ubica al lado norte del Aconcagua, entre Llaillay y la Calera, mientras que el nuevo viñedo Seña, plantado en 1999 con el objeto de obtener las uvas para este vino, se ubica al costado sur del río, en las laderas del cerro Santa Teresa.

VALLE DE CASABLANCA

Influido por el Océano Pacífico y, particularmente, por la fría corriente de Humboldt, este valle está ubicado en medio de la Cordillera de la Costa, pero en un sector de bajas alturas, lo que le permite recibir la influencia del mar convertido en frías brisas, pero también en neblinas que tienen una importancia radical en la forma en que maduran las uvas y, por lo mismo, en la manera en que se deben manejar en el viñedo.

Hasta hace muy poco, Casablanca era un lugar de lecherías y de campos para las vacas. Sin embargo, en 1982, el viticultor Pablo Morandé, inspirado en las semejanzas de esta zona con Carneros, en California, pensó que había posibilidades para el cultivo de la vid y plantó 20 hectáreas de chardonnay, riesling y sauvignon.

El ejemplo de Pablo tardó en ser imitado. Hasta 1989 había sólo 90 hectáreas plantadas. Es probable que sus suelos más bien pobres, el riesgo de heladas y la poca adaptabilidad de cepas de ciclos de madurez lenta como el cabernet sauvignon o el carmenère fueran las razones de tan poco entusiasmo. Sin embargo, en los 90 la situación cambió radicalmente, dándose inicio a una suerte de boom de Casablanca. Hoy, en el valle hay 3.557 hectáreas plantadas, de las cuales 1.848 son chardonnay, 464 son pinot noir y 455 sauvignon.

El primero de los temas en Casablanca es la influencia del Pacífico. Como el valle corre de Este a Oeste, los sectores orientales -también conocidos como "alto Casablanca"- están más lejos del mar y son más cálidos que aquellos del llamado "bajo Casablanca", hacia el occidente. Esto tiene un efecto directo en el carácter de los vinos: un sauvignon del alto Casablanca tiende a ser más maduro y con una acidez menos chispeante en comparación con uno del bajo Casablanca. Sin embargo, si ponemos en medio a un sauvignon del Maipo, su alcohol y su madurez lo delatan de inmediato.

La diferencia de la fecha de la vendimia puede llegar a ser de dos semanas entre ambos extremos del valle (tomando como frontera el camino a Algarrobo) y de un mes si se toma el Maipo y el bajo Casablanca como referencias.

La neblina que viene del Pacífico es otro tema relevante. Desplazándose a altas horas de la madrugada como un gran manto de humedad, esta neblina obliga a los viticultores a tomar precauciones en el manejo del follaje. Permitir que los racimos estén en contacto con el sol y reciban una buena aireación, es el remedio más común para evitar que la madurez se retarde en exceso y que las enfermedades producidas por hongos ataquen la fruta.

Y, por último, el tema de las heladas. Las heladas ocurren en noches despejadas y tranquilas. Las nubes, las neblinas o los vientos atrapan el calor acumulado en el suelo y en la piel de las plantas durante el día. En ausencia de estos factores, el calor se escapa y el aire se enfría, provocando heladas cuyo principal efecto es el de quemar. Tal como suena.

Como el aire frío es más denso que el caliente, los mayores daños ocurren en los sectores planos, donde el aire cae por su propio peso, mientras que en las laderas, al ubicarse a una mayor altitud, quedan libres del daño. En Casablanca se han usado varios métodos para prevenir los daños de las heladas: hélices, combustión, helicópteros y, en algunos casos, riegos por aspersión.

Todo eso nos habla de una zona difícil para la realidad chilena. Sin embargo, lo gratificante se encuentra en el hecho de que hasta ahora el valle sigue siendo el lugar ideal para los blancos y una seria posibilidad para tintos de madurez corta como el pinot noir y, en cierta medida, el cabernet franc y el merlot.

VALLE DEL MAIPO

El Maipo es el valle más conocido de Chile. Muchas de las más importantes bodegas tienen su base en esta zona de donde, además, provienen los grandes cabernet sauvignon del país.

El Maipo tiene como eje a la ciudad de Santiago y, en términos topográficos, se define por aquellos viñedos que se ubican a los pies de la Cordillera de los Andes y aquellos emplazados hacia el occidente.

El primer sector puede ser dividido en dos grupos: uno que enfrenta a la quebrada de Macul (Cousiño Macul, Clos Quebrada de Macul y Domaine Paul Bruno) y otro que se emplaza a ambas orillas del río Maipo, en la zona de Puente Alto, Pirque y Buin (Santa Rita, Concha y Toro, Portal del Alto y Carmen son algunas de las bodegas más conocidas).

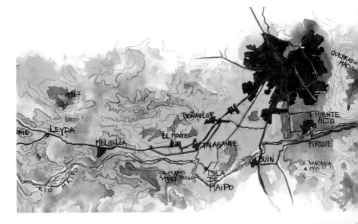

En ambos grupos, la cercanía de Los Andes provoca menores temperaturas durante la época de maduración, situación que contrasta con los viñedos bajo climas más calurosos, como aquellos ubicados en la Isla de Maipo: Santa Inés, Undurraga, Viña Tarapacá.

Sin embargo, el clima del Maipo es cálido y no es extraño que el termómetro suba de los 30 grados en el verano. De la misma forma, las lluvias son escasas: el promedio de precipitaciones llega a los 450 mm. anuales y se concentran en los meses de otoño e invierno.

Si se fijan en el mapa, se darán cuenta de que Santiago está rodeado de cerros, lo que implica una ventilación escasa. Esto explica las temperaturas y, asociado a eso, la vocación del Maipo por cepas de madurez tardía. Incluso en la zona a los pies de la cordillera, la opción más frecuente es por los tintos.

La influencia de la cordillera es más importante en Pirque, Puente Alto y Macul, mientras que en Buin -donde se ubican los viñedos Santa Rita y Carmen- esa influencia es menor, debido a que se encuentran en los faldeos de una cadena que se desprende de Los Andes hacia el Oeste.

Isla de Maipo forma parte del tercer sector del valle y allí se originan estupendos tintos, fundamentalmente en base a cabernet sauvignon y carmenère. Ubicados sobre planos bien irrigados, sus mejores vinos vienen de suelos pedregosos por los que alguna vez cruzó el Maipo. Los vinos de Undurraga y Santa Inés, por ejemplo, se desarrollan en tales condiciones, mientras que Tarapacá aprovecha los faldeos del cordón Yerbas Buenas. En un sector encerrado entre COLINAS de la zona de Naltagua, esta bodega tiene viñedos tanto en planos como en laderas.

VALLE DE RAPEL

El Valle de Rapel toma su nombre de un lago en el que desembocan dos importantes fuentes de agua para la agricultura de la región: los ríos Cachapoal y Tinguirica. El primero cruza el Valle Cachapoal y el segundo el Valle de Colchagua.

Estas dos "zonas" -según las denomina la ley - han adquirido durante los últimos años una fuerte independencia, ligada a campañas de promoción, pero también a las diferencias entre sus vinos. Una buena parte de los productores más importantes de Cachapoal tienen sus viñedos a los pies de Los Andes, mientras que la mayoría de los productores de Colchagua se ubican hacia el interior, tan lejos de la influencia de la cordillera como del Pacífico. Sin duda que esto marca una importante frontera a la hora de hablar de estilos.

Rapel se extiende desde la ciudad de Rancagua, por el norte, hasta la ciudad de Chimbarongo, por el sur; mientras que la frontera entre el Valle de Cachapoal y el de Colchagua se ubica a la altura de la ciudad de Pelequén.

Por otra parte, la influencia del Océano Pacífico es menor si se la compara con la que existe en otros valles como Aconcagua o Casablanca, debido a que la distancia desde los viñedos al mar son mayores, pero también porque las formaciones montañosas actúan como barrera, especialmente en Colchagua. De esta manera, suena bastante lógico que el gran potencial del Valle sea el carmenère, una cepa que necesita de mucho sol y calor para lograr una buena madurez.

Los viñedos de Almaviva, en el sector norte del predio, han sido sometidos a una rigurosa división según su comportamiento y, con eso en mente, se ha distribuido el riego por goteo como una manera de controlar los distintos niveles de fertilidad de cada uno de los sectores y así determinar el momento de cortar las uvas.

Si comparan la imagen de la Quebrada de Macul con la de El Tocornal, verán que ambas se encuentran enfrentando una quebrada.

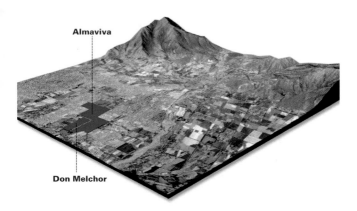

Almaviva

Don Melchor

Con eso a la vista, yo siento que la diferencia entre ambos terroirs radica en la forma en que se muestra la fruta. Mientras en la Quebrada hay más especias, más frescor, en el tocornal siento más madurez, más carne, más confitura. La explicación que da vida a mi teoría es que al estar más lejos de la influencia de Los Andes, Almaviva y Don Melchor tienen una cuota extra de dulzor, de uvas levemente más maduras que los clásicos de Macul.

APALTA

Clos Apalta es una mezcla tan alocada como efectiva entre viejas parras de carmenére, merlot, malbec y cabernet sauvignon; es también un suelo de maicillo y arena que retiene humedad y que, al mismo tiempo, deja que escurra hacia el subsuelo; es una napa de agua que baja en verano hasta donde las raíces apenas

Clos Apalta   M

pueden alcanzarla; es esa orientación sureste de las viñas que escapan en parte de los cálidos rayos solares del caliente Valle de Colchagua y, por supuesto, es también la mano de Michel Rolland y Michel Friou, dos tipos que saben de madurez en las uvas.

Fíjense en las demarcaciones de viñedos y se darán cuenta que, tanto las viñas que dan origen al Clos Apalta como aquellas plantadas hacia comienzos de los 90 por Montes para su M, están lejos del río Tinguiririca ¿Por qué? Simple: a medida que se avanza hacia el río, los suelos se vuelven más fértiles gracias a la abundancia de agua que corre por los subsuelos. Sobre los terrenos planos cercanos al río, los rendimientos suben en exceso y eso imposibilita obtener calidad, es decir, concentración de gusto a frutas en las uvas.

ALTO JAHUEL

A los pies de una cadena de montañas que se desprende de Los Andes, los viñedos de Santa Rita y Carmen se ven favorecidos por un clima relativamente frío dentro de la lógica cálida del Maipo.

Aquí la influencia de la cordillera no es tan directa como lo es, por ejemplo, en la Quebrada de Macul. Sin embargo, las brisas frías de la tarde se sienten y permiten un tiempo extra para que las uvas maduren.

A mano derecha se puede ver el viñedo desde donde se obtienen las uvas para el Casa Real de exportación, compuesto de parras plantadas hace más de 30 años sobre suelos francos y dominados por las piedras.

La situación de las tres hectáreas del viñedo de Gold Reserve, a la izquierda, es similar. Las piedras y la edad de las parras (también plantadas hacia comienzo de los años 70) provocan que ambos cabernet sauvignon sean similares. Sin embargo, la mano enológica marca la diferencia: fuerza en el Gold, elegancia en el Casa Real.

Tras esa cuestión de estilo, sin embargo, están los frutos negros y las notas minerales propias de Alto Jahuel, un mesoclima ideal para producir cabernet sauvignon.

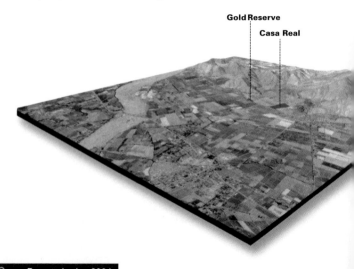

Gold Reserve

Casa Real

A Fondo

A continuación una
serie de reportajes
que publiqué durante
el año pasado en
diversas revistas
especializadas de
Chile y del exterior.

Viña Tamaya, valle Limarí

COSECHA 2003
Valle por Valle

Fotos: Fernando Gómez
Investigación: Mariana Martínez

La calidad de las uvas en este 2003 parece haberse repartido democráticamente por todos los valles vitícolas de Chile. Fue un año de madurez bajo climas sin lluvias y de mucho sol que permitió a los productores esperar por buena madurez.

Thomas Eguiguren, encargado agrícola de la viña Santa Rita, extiende sobre la mesa un mapa del viñedo de Alto Jahuel, el más importante de la bodega. Se trata de una imagen satelital que, a través del calor y de la reflexión de las hojas, determina los sectores de menor o mayor fertilidad en el viñedo. Más que relieves o caminos, lo que muestra este poco convencional mapa son zonas, algunas tan diminutas como un grupo de plantas.

Lo que Thomas define como una súper ayuda, para mí es una prueba palpable de que los viticultores chilenos ya no son los de antes. En una rápida visita por algunas bodegas catando la cosecha 2001, este tipo de mapas junto a otras ayudas híper sofisticadas, salen al ruedo como armas para confirmar que, por mucho que los relacionadores públicos del vino chileno digan que éste es un paraíso para la viticultura, la naturaleza no siempre está de nuestra parte. De hecho, rara vez lo está y, por lo tanto, se debe estar preparado.

Dentro de ese mismo viaje, Michel Friou, enólogo de Casa Lapostolle, descorcha cuatro botellas de Clos Apalta: 1997, 1999, 2000 y una muestra de lo que será el 2001. Tanto el 97 como el 99 son considerados, unánimemente, como grandes cosechas para el vino chileno. El 2000 y el 2001, en cambio, no cuentan con un consenso tan amplio. Yo, por ejemplo, creo que el 2000 es cien veces inferior al 2001, mi cosecha favorita.

Dejando de lado el tema de la calidad, lo que queda en claro cuando se catan estos cuatro vinos de Colchagua, es que si alguien alguna vez pensó en vender la idea de que los años en Chile eran parejos, similares en términos de estilo, comparables en consistencia, esa persona estaba loca. Nada más distinto que un Clos Apalta del 99 al de uno del 2001.

Es cierto, hay diferencias a nivel enológico o vitícola, ciertos ajustes que se hacen un año y al siguiente no. Pero es la fruta, la expresión del origen del vino, la que no miente.

Teniendo entonces en mente lo mucho que han aprendido los viticultores y lo variable que pueden ser las cosechas en un país como Chile que, sin ser el paraíso, tiene una cierta estabilidad climática que le da ventajas, la cosecha 2003 puede ser vista como una de las grandes oportunidades que tienen nuestros productores para demostrar cuán maduro está el vino chileno, en qué momento de su evolución se encuentra.

Valle de Casablanca

En el 2000 todos alegaban por la enorme cantidad de uva que produjeron los viñedos y que, como consecuencia, dio vinos de una menor concentración. En el 2001 la calidad mejoró enormemente ofreciendo, además de nuestra clásica expresión frutal, un toque de balance y elegancia. En el 2002 hubo cierta confusión. Lluvias al interior de Colchagua y al sur de Curicó nublaron a una excelente cosecha en el Maipo, Aconcagua y Cachapoal.

El 2003 fue una cosecha excelente. Y esa bendición de la naturaleza encuentra a los viñateros chilenos mucho mejor preparados, más sabios, más enfocados en lo que se debe hacer para obtener vinos de gran calidad. Siendo optimistas, este puede ser más que una excelente cosecha.

Echemos un vistazo, región por región, de norte a sur.

LIMARÍ

Una primavera calurosa fue seguida de un verano que, según Carlos Andrade, de Casa Tamaya, fue inusualmente fresco.

–El verano fue fresco, especialmente la segunda parte –señala Andrade–. Entre octubre y marzo hubo sólo un día, en enero, donde la temperatura se disparó llegando a 33 grados. La media máxima fue de 26 grados.

La madurez y la cosecha fue precedida por un abril con días nublados y neblinas matinales lo que, según Andrade, retrasó la madurez de los tintos entre diez a quince días.

Para Lorena Véliz, enóloga de Francisco de Aguirre, el atraso en la cosecha se empezó a proyectar con las bajas de temperatura a partir de febrero. Y como además fue un año seco, pudieron esperar con cierta tranquilidad que la uva madurara.
Para Carlos Andrade, los vinos de Limarí 2003 tendrán un menor grado de alcohol, acidez más alta y aromas más frescos de lo habitual.

Al mismo tiempo, las diferencias que existen en Limarí en cuanto a su cercanía con el mar, se han hecho más evidentes. La prolongación de la época de madurez, según Lorena Véliz, le ha permitido darse cuenta cómo los blancos se comportan mucho mejor si están hacia la costa y cómo los tintos son más interesantes hacia el interior, más lejos de la influencia del Pacífico.

ACONCAGUA

De acuerdo a lo observado por Pedro Izquierdo, gerente agrícola de Viña Errázuriz, la primavera en Aconcagua fue más bien fría, lo que provocó una mala cuaja de racimos, es decir, menor cantidad de uvas, especialmente en el carmenère.

A esa primavera le siguió un verano bastante cálido, que incluso ofreció temperaturas históricas en enero. Para Izquierdo, durante marzo y abril las temperaturas fueron más benignas y eso atrasó una cosecha que, en términos de volumen, ha sido normal.

Para Antoine Toublanc, enólogo de Viña Gracia, la baja en las temperaturas se dio justo en la mitad de la cosecha, lo que retrasó especialmente al carmenère. En cuanto al syrah, la primavera más bien fría en el valle provocó que los racimos fueran más chicos. Toublanc calcula que los rendimientos serán entre un 20 y un 30 por ciento más bajos que el año 2002.

Según estos datos, lo que es posible esperar de los tintos de Aconcagua es una mayor expresión aromática acompañada de notas a frutas más frescas de lo habitual para esa zona cálida al norte del Maipo. Dependiendo de las decisiones que se tomen en la bodega, quizás también sea un año de una muy buena concentración.

CASABLANCA Y SAN ANTONIO

Adolfo Hurtado, enólogo de Cono Sur, se entusiasma con el 2003 en Casablanca. Reconoce que la cosecha venía muy apurada y que los calores de enero y febrero lo hicieron pensar en cortar antes de lo usual. Pero en marzo las temperaturas bajaron, lo que le permitió cortar en abril, un mes que históricamente ha sido crucial en el valle.

Macarena Morandé, de Viña Quintay, recuerda que la primavera fue muy fría, lo que detuvo el crecimiento de algunas variedades tintas, en especial del pinot noir.

–De un día para otro –señala-, hacia fines de marzo y principios de abril, comenzaron a aparecer las neblinas en abundancia junto a una baja de las temperaturas.

Rafael Tirado, de Veramonte, coincide con Macarena. Marzo fue más frío que en 2002 y 2001, lo que retoma el camino tradicional de Casablanca, con un enero y febrero cálidos para madurar y un marzo y abril fríos para esperar la cosecha.

En cuando a los tintos, Tirado asegura que no hay problemas de madurez y que habrá menos notas especiadas y más fruta madura.

Los colores, según Hurtado, son espectaculares. Y los aromas y sabores en la fruta predicen fineza y delicadeza por ese marzo frío que, según él, marcó la diferencia en esta cosecha.

En San Antonio, un año más de edad de los viñedos ha seguido dando lecciones a los productores y a la vez ha ido consolidando el potencial del valle. Rodrigo Soto, enólogo de Viña Matetic, considera esta vendimia superior a las dos anteriores, no sólo porque el tiempo seco, luminoso y con una época de madurez en donde destacó una gran oscilación térmica entre el día y la noche fueron fundamentales, sino también porque un año más de experiencia en el viñedo les ha permitido conocer mejor el ecosistema y sus reacciones.

Su muy aplaudido syrah maduró muy lento, según Soto, lo que permitió tener aromas florales y con una acidez algo más alta que en años anteriores.

MAIPO

El invierno en el Maipo fue lluvioso. Y si a eso se le agrega una primavera fría, lo que se obtiene es una menor temperatura en el suelo que impide que las raíces se despierten y manden señales a la planta para comenzar la floración.

Felipe de Solminihac, de Viña Aquitania, observó que a pesar de las altas temperaturas en el verano, la madurez de los tintos fue lenta y esa lentitud se intensificó aún más con las bajas temperaturas en abril.

Felipe Tosso, de Viña Ventisquero, agrega que la corredura debido a esa primavera fría provocó una menor carga y que, además, botó mucha uva que no consiguió comenzar a madurar.

–El merlot se nos atrasó tres semanas; luego seguimos con el cabernet sauvignon y con el carmenère hacia la primera semana de mayo –dice Tosso-, donde tuve mejor acidez que en otros años. Como resumen, yo diría que en el Maipo fue un año de madureces largas y de buen grado de alcohol, con rendimientos no muy altos.

Para Sergio Correa, gerente técnico de Viña Tarapacá, sus viñedos del bajo Maipo adelantaron su madurez al menos en cuatro días:

–En general, si el año pasado partí el 18 de febrero en blancos y tintos, este año partí el 14. El valle no tuvo problemas de lluvias y yo pude esperar la madurez con tranquilidad y creo que este año, además de bueno, ha sido muy parejo. La cosecha 1999 marcó un hito, tal como lo hizo la de 1997. No me extrañaría que la del 2003 fuera otro gran salto en calidad.

Tal como la baja en las temperaturas hacia el final de la cosecha marcó una elegancia y un balance magníficos en los tintos del 2001 en el Maipo, es probable que esta madurez lenta y pausada tenga un similar efecto, esta vez con mayor fuerza, lo que puede ser una combinación explosiva.

CACHAPOAL Y COLCHAGUA

Los productores de Cachapoal están tan o más felices con esta cosecha 2003 que lo que lo que estuvieron con la del 2002. Los de Colchagua, en tanto, han podido cosechar sus uvas bajo un cielo despejado o, al menos, sin nubes amenazantes, las mismas que el 2002 les trajeron más de un dolor de cabeza.

Viñedos Valle de Colchagua

Rubén Díaz, encargado agrícola de Viña Anakena, calcula que, en general, la cosecha 2003 se atrasó una semana con relación a la anterior. Y que fue una cosecha en donde se pudo esperar con calma.

–El jugo de las uvas estaba bien –dice Díaz-. A partir de fines de febrero, la amplitud térmica entre el día y la noche nos permitió tener una madurez lenta como para esperar a que todo estuviera en su punto.

En Colchagua, hay sólo sonrisas. Luego de un lluvioso 2002, sobre todo hacia el interior del valle, este 2003 es un oasis. Aurelio Montes, de Viña Montes, simplemente dice que ha sido uno de sus mejores años en términos climáticos. Uvas sanas, madurez lenta, intensos colores, aromas potentes.

Cosecha en Viña Miguel Torres en Valle de Curicó

Marco Puyó, de Los Vascos, también está feliz. Dice que la situación es muy clara: este año no hubo lluvias y, en general, la madurez de los taninos es muy buena, al igual que el balance, los colores y la concentración en gusto a fruta.

Michel Friou, de Casa Lapostolle, comparte este optimismo.

–Tenemos la sensación de que puede ser un gran año. Las degustaciones que hicimos en el viñedo nos parecieron excelentes. Catamos uvas que tenían mucho gusto, mucho carácter, incluso antes de que llegaran a la madurez óptima.

CURICÓ

–Ojalá todos los años fueran como éste -dice Fernando Almeda, enólogo de Miguel Torres, refiriéndose al valle de Curicó. Reconoce, sin embargo, que tuvo algo de susto con las abundantes lluvias del invierno de 2002-. Esa cantidad de agua trajo mucho vigor, muchas hojas a la parra -asegura-. Pero si se ha manejado bien el riego en un año seco como éste, no hay problema. El vigor se detuvo hacia la pinta y logramos parras equilibradas.
En Curicó, los calores de enero y febrero no fueron tan radicales como más hacia el norte.

–En enero tuvimos algunas lluvias y luego antes de Semana Santa, pero en ambos casos no fue nada importante. Fue un verano seco y no tuvimos problemas de botrytis, como sí ocurrió en el 2002 -señala Roberto Echeverría, de Viña Echeverría, y agrega que se trata, obviamente, de un muy buen año con blancos de aromas muy frescos y de tintos con grados de alcohol algo más elevados que lo normal, pero con excelente color, taninos suaves y nada de astringencia violenta.

MAULE

En el Maule están tan optimistas como en Curicó.

–Esta cosecha ha sido fácil, desde el punto de vista de que no hubo lluvias -asegura Daniella Gillmore, de Viña Gillmore-. Los apenas tres milímetros que cayeron antes de Semana Santa no provocaron problemas. Además, fue una cosecha larga que empezó siete días más tarde, especialmente porque las temperaturas hacia el final fueron más bajas. Por otro lado, no tuvimos problemas de sanidad porque fue un año seco.-.

Daniella habla de tranquilidad, sobre todo si se compara con los difíciles días de Semana Santa que tuvieron en 2002, cuando la lluvia fue extrema.

–Me impresionan este año los colores de los jugos y la cantidad de gusto a fruta que tienen. Los taninos son ricos y largos. Llenan la boca -dice, entusiasmada.

Para Rodrigo González, de Viña Cremaschi, la cosecha 2003 se caracterizó por un clima más fresco, que hizo que la acidez se elevara más de lo habitual. El grado de alcohol estaba y sólo faltó un mejor equilibrio en acidez para cosechar, lo que se consiguió gracias a que la ausencia de lluvias en abril permitieron esperar con calma.

–Los chardonnay van a ser muy afrutados y los sauvignon blanc muy elegantes. Destacarán los tintos por sus colores intensos, su buena madurez y la suavidad de sus taninos -vaticina.

BÍO-BÍO

En Bío-Bío, los viñedos de Cono Sur en Mulchén tuvieron ciertas complicaciones. Adolfo Hurtado cuenta que la primavera fue fría y además con un septiembre lluvioso. Hacia fines de febrero siguieron las lluvias, pero cuando se acercaba el momento de la cosecha, en abril, pudo cosechar bajo un tiempo más seco.

–Sin embargo, los vinos están impecables y creo que la calidad –señala Hurtado- se debe a que la madurez fue lenta, tuve más tiempo las uvas colgando de las parras.

Más al sur, en Traiguén, la cosecha también tuvo que esperar. Según Felipe de Solminihac, responsable del magnífico chardonnay Sol de Sol, la madurez estaba atrasada hasta el mes de marzo y luego, a comienzos del abril, las condiciones fueron estables y permitieron una cosecha limpia.

Este reportaje fue publicado en la revista
chilena Vinos&más en su número de Junio de 2003

LOS SUPER SECONDS DEL MAIPO

Fotos enólogos: Sergio Pérez
Foto botellas: Elena Bessarabova

Febrero 2001. Estoy en la cola para conseguir cervezas en un supermercado de Santiago. Mi ubicación es pésima. Afuera, sobre el cemento del estacionamiento, un dicho chileno se aplica a la perfección: los patos caen asados.

Algunos kilómetros hacia el Este, en los faldeos de Los Andes, los viñedos de cabernet sauvignon del valle del Maipo no tienen mejor suerte. Una seguidilla de altas temperaturas y de días secos ha hecho que las uvas transpiren gran parte de su acidez, mientras que las hojas han estado ocupadas llenando de azúcar los racimos. Sin embargo, los taninos y los aromas, de evolución más lenta, aún están lejos de llegar a su momento de madurez.

La última vez que hizo tanto calor en el Maipo fue en 1999. Y no paró más hasta la cosecha, así es que los productores esperan otro año de altos grados de alcohol y de híper macizos cabernet.

Marzo 2001. El termómetro desciende bruscamente y los chalecos comienzan a aparecer en medio de los fríos atardeceres santiaguinos. En ese punto ya nadie discute que 2001 no tiene mucho que ver con 1999. Ese mes de marzo ha otorgado un carácter y un equilibrio totalmente distinto, un balance que diseñará cabernet como nunca antes se habían visto en el Maipo.

Este regalo de la naturaleza no es, sin embargo, la única razón para los grandes vinos que vendrán de ese año. Los productores del Maipo tuvieron que enfrentar fuertes lluvias y humedad en 1998, calores extremos en 1999 y debieron manejar abundantes rendimientos en 2000. Lo que aprendieron de esas cosechas ahora lo aplican en una vendimia más favorable.

La calidad de la añada, claro, brilla en los grandes iconos del valle. Sin embargo, como en todo gran año, los tintos que vienen inmediatamente tras ellos también tienen mucho que decir. Y lo mejor de todo es que a un mucho menor precio. Estos son los cuatro grandes "super seconds" del 2001 en el Maipo, cada uno con su personalidad. Dos de ellos nacieron de viejas parras a los pies de Los Andes, mientras que los dos restantes se originan en nuevas plantaciones en las fronteras de Alto Maipo. Tomen nota.

EL SUAVE

En 1998, veinte kilómetros al sur de Santiago y a los pies de los Cerros de Chena, Pablo Morandé plantó un puñado de hectáreas para sus cabernet top: House of Morandé y Vitisterra. Cuatro años más tarde, su Vitisterra Cabernet Sauvignon ya muestra uno de los detalles más atractivos de la cosecha 2001: la textura de los taninos, suaves, amables y generosos.

Pablo Morandé

Este cabernet viene de dos clones. Uno es el llamado racimo corto que, según Morandé, es el heredero más directo de las primeras importaciones de vides que se realizaron de Francia a Chile, hacia mediados del siglo XIX. El segundo es un clon francés, importado ciento cincuenta años más tarde por Viña Morandé.

Catados por separado, el clon racimo corto tiene una nariz exuberante llena de frutas frescas, mientras que los taninos son suaves y maduros. El clon francés, en cambio, es más austero y cerrado en la nariz, con chispazos de pimienta y aceitunas negras. En la boca, los taninos se sienten más finos y firmes.

La combinación de ambos clones va para House of Morandé y Vitisterra, pero la decisión final de la mezcla está determinada por el suelo de Chena, parte de la cuenca por la que alguna vez -miles de años atrás- corría el río Maipo. Un suelo lleno de piedras.

–Hemos dividido las parras de cabernet de acuerdo a su vigor –señala Pablo-. Los suelos más delgados y menos fértiles dan vinos más concentrados y van para el House, mientras que el resto va para Vitisterra. En general, la fertilidad del suelo es baja, con un promedio de menos de dos kilos por planta.

Es probable que los más altos rendimientos de Vitisterra sean la razón de que este vino resulte más abordable ahora. La fruta roja del clon racimo corto prevalece en la nariz, pero detrás están las especias y las frutas negras del clon francés. En la boca, racimo corto manda, especialmente cuando se siente la dulzura de los taninos.

Vitisterra me parece un excelente ejemplo de la textura que se puede encontrar en los cabernet 2001. Voluptuosos, firmes, pero suaves, de taninos achocolatados si se les compara con los más salvajes del 99, muchos de ellos aún difíciles de beber sin sufrir demasiado en el intento.

–Creo que la cosecha 2001 nos dio un margen de tranquilidad para esperar por la madurez, cosa que no sucedió en 1999 cuando todo fue más abrupto –recuerda Morandé-. En el 2001 la acidez estaba, el azúcar también, sólo nos quedó esperar por la madurez aromática y por la suavidad de los taninos.

EL DELICADO

Al otro lado del río Maipo, hacia el sureste, Cousiño Macul comenzó a plantar en 1997 sus nuevos viñedos de Buin. Parte de esa fruta fue a parar al Antiguas Reservas Cabernet Sauvignon 2000, pero el 2001 es la primera cosecha en venir completamente de este nuevo campo. Hasta entonces, la base para este clásico crecía en la Quebrada de Macul, el tradicional viñedo de los Cousiño ubicado en los suburbios pre-cordilleranos de Santiago.

La viña tiene plantadas 210 hectáreas, 123 de las cuales corresponden a cabernet sauvignon que fueron propagadas gracias al material de Macul, descendiente directo de las estacas que Luis Cousiño trajo desde el Médoc en 1860.

–De aquí a quince años, en Macul habrá un paño de 25 hectáreas desde el cual produciremos un tinto especial. Los demás vinos vendrán de Buin, en donde aún nos quedan por plantar otras 70 hectáreas -señala Matías Rivera, Director Técnico de la bodega.

Mientras los centenarios viñedos de Macul son loteados para la construcción de viviendas, las nuevas parras de Buin le están cambiando la cara a los vinos de Cousiño.

–Buin tiene suelos más pobres, con más piedras y menos arcillas y limos lo que nos permite obtener mayor concentración –apunta Matías-. Otro factor importante es que las variaciones de temperaturas entre el día y la noche son más amplias que en Macul, por lo que los aromas parecen mucho más frutales.

Y, finalmente, la nueva bodega climatizada de Buin nos da la oportunidad de obtener una expresión varietal mucho más clara.

Matías Rivera

Otro de los saltos en la calidad puede deberse al riego por goteo de Buin, el que le ha permitido a Matías controlar con mayor precisión los rendimientos por planta. Como resultado, el nuevo Antiguas parece ser un vino mucho más concentrado y claro en su expresión de cabernet, aunque sin perder esa lado delicado y suave que caracteriza a los vinos de esta bodega.

EL LUJURIOSO

El Cabernet Sauvignon Medalla Real de Santa Rita viene del viñedo de Alto Jahuel, tres kilómetros al norte de las nuevas plantaciones de Cousiño. Aquí, la Cordillera de Los Andes extiende sus brazos hacia el Este, formando una suerte de media luna cuyo interior está compuesto por suelos pedregosos y arenosos.

Thomas Eguiguren, encargado agrícola de Santa Rita, ha dividido ese campo en tres franjas según su fertilidad. La franja de laderas, hacia el oriente, tiene suelos pobres en pendientes. La franja más occidental también tiene baja fertilidad debido a sus suelos arenosos y pedregosos, pero también a los margarodes, insectos que aman este tipo de suelos y que

Andrés Ilabaca

se alimentan de las raíces, reduciendo dramáticamente los rendimientos de las parras afectadas.

En esta franja, los sectores más viejos de cabernet, plantados hacia comienzos de los 70, van para Casa Real, el tinto top de la bodega. Para Medalla Real, el enólogo Andrés Ilabaca elige sectores más jóvenes y, también, algunas laderas plantadas durante la primera mitad de los 90, gracias a una selección masal del material original de Casa Real.

En 2001, Thomas y Andrés se concentraron en esta división del viñedo y en cómo las uvas maduraban según dónde estuvieran.

–Las temperaturas en febrero –recuerda Andrés- fueron realmente feroces. Y algunas de las uvas sencillamente no maduraban, debido a que a tan altas temperaturas la fotosíntesis no se puede realizar. Por ello creo que el raleo antes de la pinta fue importante para desechar esos racimos de madurez dispareja. Luego, sólo tuvimos que esperar calmadamente que las uvas maduraran.

Valió la pena esperar a este medalla. A un precio ridículo por la intensidad de fruta y la concentración que entrega, este tinto también ofrece especias, agregando frescor a las lujuriosas frambuesas de su boca. Ese frescor viene de una cosecha realizada en el momento oportuno, con taninos lo suficientemente maduros para potenciar esa fruta, en vez de suprimirla.

–Creo que obtuvimos esa fruta –señala Andrés- porque por primera vez cosechamos sector por sector de acuerdo a su momento de madurez. Si me preguntan, esa fue la clave del 2001.

EL VOLUPTUOSO

Cosechar por sectores es también parte del éxito del cabernet Marqués de Casa Concha 2001 de Puente Alto, al otro lado del río Maipo, hacia el norte de Alto Jahuel.

Cuando Marcelo Papa se integró al equipo enológico de Concha y Toro, en 1998, el cabernet sauvignon Marqués de Casa Concha se seleccionaba de barricas provenientes del clásico fundo El Tocornal, a los pies de Los Andes, en el Alto Maipo. Las que no rankeaban para Don Melchor, las dejaban para Marqués. Gracias en gran parte al entusiasmo de Marcelo, hoy Marqués tiene sus sectores de viñedos propios y sus uvas se vinifican por separado.

Almaviva y Don Melchor crecen en los sectores más viejos de El Tocornal, plantados en los setenta. Las parras para Marqués, en cambio, se ubican hacia las montañas y fueron plantadas a mediados de los ochenta, ambos en suelos de origen aluvial, llenos de piedras, arcillas y arenas depositadas sobre la cuenca que alguna vez, miles de años atrás, ocupó el río Maipo en su camino hacia el Pacífico.

Marcelo Papa

Según Marcelo, este suelo es ideal para controlar el vigor del cabernet. Gracias a su permeabilidad, es posible manejar los rendimientos y la exposición de los racimos. Según sus cálculos, en un año de relativa baja producción como el 2001, el promedio fue de algo menos de dos kilos de uvas por planta.

Ese rendimiento se siente en el peso del Marqués cabernet 2001. Una textura suave y voluptuosa se apodera de la boca y el espesor se palpa. Pero más que esa generosidad en cuerpo, lo que me llama la atención es el carácter de la fruta y la forma en que esas notas a frambuesas maduras y berries se mezclan con las especias.

–La cosecha fue una mezcla de altas temperaturas al comienzo de la pinta y luego, un período de temperaturas más suaves hacia el final, en marzo -asegura Marcelo-. Eso permitió darle más frescor a las uvas. Una buena parte de la calidad de este cabernet se debe a esa mezcla de calor y un marzo y abril de temperaturas más moderadas, pero también a que Concha y Toro le ha dado mucha más importancia a la marca, partiendo por un mejor manejo del viñedo. Este Marqués es, sin duda, el mejor cabernet sauvignon que yo he hecho, porque es la mejor fruta que he tenido -concluye Marcelo.

Si hay una palabra que define a la cosecha 2001 de cabernet en el Maipo, esa es balance. Acidez y alcohol en equilibrio, taninos y alcohol enfriados por los días frescos de marzo y abril.

La cosecha de 1999, considerada un clásico en todo el Valle Central, ofreció a los enólogos la oportunidad de construir cabernet llenos de concentración y poder. Pero muchos de estos tintos generalmente muestran taninos rústicos y agresivos. En este sentido fue un importantísimo aprendizaje vitícola.

Dos años más tarde, un clima más amable, junto a un mejor conocimiento del viñedo, ayudó a los enólogos a diseñar los mejores cabernet que se hayan visto en el Maipo en los últimos diez años. Corran a comprarlos.

Este reportaje fue publicado en la edición de Junio 2003, de la revista Wine & Spirits, en Estados Unidos.

LOS NUEVOS HIJOS DE HUMBOLDT

Fotos: Sergio Pérez

En el verano de 2003 llevamos a Emilia, nuestra hija de un año, a estrenar su primer traje de baño en el Océano Pacífico, en la costa central de Chile.

Caminando pesadamente sobre la arena, nos miraba expectante ante el paisaje que se extendía frente a ella.
–Lo está tomando bastante bien –le dije a mi mujer.

Ella asintió sin mucha convicción, mientras Emilia sonreía con su bikini verde y naranjo. Fue en ese momento cuando una diminuta ola reventó unos metros adelante y se deslizó, rápida y decidida, sobre nosotros. No alcancé a levantar a Emilia.

Esa pequeña muestra del Pacífico, con sus aguas a menos de diez grados en pleno verano, fue suficiente para que nuestra hija -en algún lugar de su infantil inconsciente- comenzara a comprender por qué los chilenos del Valle Central soñamos con derrochar nuestro presupuesto en alguna tibia playa del caribe.

Indignada y llorando, la llevé al auto envuelta en una gruesa toalla.
–No fue una buena idea –comenté.
–Te lo dije –replicó, una vez más, mi mujer.

Esta misma temprana y fría lección que recibió nuestra hija fue la que, imagino, llevó a muchos productores chilenos a tratar de loco a Pablo Morandé cuando, en 1982, plantó uvas en el valle de Casablanca.

Ante la seguridad y calidez de los planos del Valle Central, plantar cerca del Pacífico parecía un riesgo innecesario. Sin embargo, los resultados fueron suficientes para derribar miedos.

Los resultados de esa aventura, financiada con fondos personales, rápidamente motivaron a entrar en escena a las grandes bodegas chilenas, encabezadas por Santa Carolina, Santa Rita y Concha y Toro. Lo demás es parte de la historia. Si han probado un buen blanco chileno, es probable que venga de Casablanca. Incluso, si es que alguna vez les ha gustado un pinot noir, seguro que viene de ese valle. Casablanca es hoy, más que una apelación, una marca, lo que comprueba que Pablo Morandé no estaba tan loco, a fin de cuentas.

Sin embargo, elegir Casablanca no fue una decisión fácil. Hasta el último minuto vaciló entre ese valle y una zona ubicada 25 kilómetros al sur, donde tampoco había historia vitícola, pero cuya topografía y clima lo sedujeron.

Luis Alberto Fernández, el primer viticultor en plantar en el valle de San Antonio, recuerda una conversación que tuvo con Morandé hacia comienzos de los 80:

—Pablo me dijo que la zona podía dar vinos muy distintos a los que hasta el momento producía Chile, pero que el problema era que no había agua y que, si la queríamos, había que cavar muy profundo, mucho más que en Casablanca. Yo le encontré la razón.

Ese detalle, para nada menor, marcó la decisión de Morandé pero, al mismo tiempo, fue el punto de partida para que Fernández echara a andar su cabeza proyectando la posibilidad de plantar allí, a 15 kilómetros del mar.

Años más tarde, y ya con el problema de riego solucionado, este empresario estaba listo para comenzar su aventura y, de paso, dar vida a una nueva apelación vitícola chilena.

La Cordillera de la Costa es un sistema montañoso longitudinal formado por el choque de placas tectónicas a comienzos del período Cuaternario, cerca de un millón y medio de años atrás. Este choque también formaría la Cordillera de Los Andes y la Depresión Intermedia, en cuyos planos se ubica la mayor parte de la actividad vitícola del Valle Central chileno.

El sistema montañoso costero es mucho menos importante en alturas que el de Los Andes, debido a cientos de miles de años de erosión eólica marina que han moldeado las lomas que caracterizan el paisaje de San Antonio, 75 kilómetros al oeste de Santiago.

Esos suaves lomajes, que en este valle muy pocas veces sobrepasan los 400 metros de altura, son insuficientes para impedir que la influencia de la corriente antártica de Humboldt influya dramáticamente en las temperaturas y determine que, en términos generales, la cosecha se atrase más de un mes con relación al más cálido interior de la zona central.

Luis Alberto Fernández

De la misma manera, esa influencia ha marcado la decisión de los viticultores a la hora de elegir qué variedades plantar. Mientras en Casablanca, un valle transversal que ofrece zonas más cálidas al oriente (donde gracias a la distancia con el mar es posible crear vinos a partir de variedades de ciclos largos de madurez, como carmenère, por ejemplo), en San Antonio se ha tenido que optar por cepas de ciclos cortos, debido a que el valle se extiende paralelo al Pacífico y la influencia de la corriente de Humboldt es relativamente pareja.

Sin embargo, las laderas y las quebradas entre colinas diseñan distintos mesoclimas, cuyas particularidades permiten jugar con los puntos de madurez. Así se comprende que el syrah se haya tomado como alternativa, a pesar del frío marino.

El viticultor Jorge Morandé, hermano de Pablo y a la vez su mano derecha en Casablanca, ha estado desde los comienzos asesorando a la mayoría de los productores de San Antonio. Para él, entre ambos valles hay diferencias importantes.

–Mientras en Casablanca –dice-, de las cuatro mil hectáreas que hoy hay plantadas, apenas unas quinientas están en faldeos, en San Antonio todo está en laderas o sobre lomas.

Los suelos de San Antonio, según Jorge Morandé, son más parecidos a los que existen en las zonas más occidentales de Casablanca, donde los franco-arcillosos son los que predominan.

–En San Antonio no hay suelos arenosos –continúa-, como sí se encuentran en los sectores orientales de Casablanca. Además, esos suelos arcillosos y francos e, incluso, algunas veces pedregosos, parecen ser menos profundos y menos fértiles.
Para él, otra diferencia importante son las temperaturas. En San Antonio, la cercanía con el mar actúa como un aire acondicionado que modera el termómetro haciendo que el frío invernal no sea tan crudo como lo es en Casablanca.

Según su experiencia, la brotación en el sur de San Antonio parte un mes antes, gracias a las mayores temperaturas de agosto que obligan a la parra a despertar de su descanso invernal. Pero luego, cuando comienza el verano, la madurez se retrasa, puesto que está más cerca del mar.

–Yo creo que en general –explica Jorge Morandé-, la madurez en San Antonio se completa diez días después que en Casablanca, aunque también pienso que en los sectores más cercanos al Pacífico, en el bajo Casablanca, los tiempos de cosecha son parecidos.

Según él, la fruta de Casablanca tiende a tener aromas más intensos, mientras que San Antonio ofrece menos notas tropicales y más minerales en la nariz. Y esa mineralidad puede perfectamente estar relacionada con la capa granítica que se ubica bajo las arcillas.

En 1998, con todos estos detalles en mente, Luis Alberto Fernández decidió plantar en San Antonio. Y para materializar su proyecto le echó mano a la única forma en la que él veía posible irrigar el valle: traer agua desde el Maipo, por cañerías. Ocho kilómetros de cañerías, 270 mil dólares para conseguir agua que potencialmente podría regar 300 hectáreas. Para comenzar, plantó 35. De esas hectáreas es de donde obtiene tres de los vinos del portafolio de Viña Leyda.

Dos de ellos son pinot noir. Rafael Urrejola, enólogo de Viña Leyda, decidió embotellar por separado dos cuarteles. Aunque sobre suelos similares (ambos franco arcilloso) el Pinot Noir 2001 Cahuil Vineyard se ubica en una ladera con exposición norte lo que, en este hemisferio del planeta, implica absorber el más cálido sol de la tarde. El Pinot Noir Las Brisas Vineyard, en cambio, está en una ladera más orientada hacia el sur, situación que retrasa en unos días su cosecha.

Jorge Morandé

–Mientras Las Brisas es mucho más frutal y fresco, pero con un cuerpo delgado, aunque con muy buena acidez, Cahuil tiene mucha más potencia en la boca, fruta más madura y taninos más presentes -señala Rafael.

Teniendo en cuenta esa diferencia, Cahuil se crió en un 60% de barricas nuevas, mientras que para Las Brisas optó por bajar la cuota de madera nueva a un 20% con la mente puesta en la fragilidad de su fruta y en el respeto al carácter del viñedo. Y los vinos son ciertamente diferentes: Cahuil ofrece aromas a ciruelas maduras y canela; sus taninos cubren la lengua firme pero amablemente. Las Brisas es más floral y casi se puede sentir el viento del Pacífico transformado en frambuesas y rosas.

Por el momento, Viña Leyda vinifica en una vieja bodega reacondicionada en la ciudad de Melipilla, 25 kilómetros al oriente del valle. Sin embargo, el año pasado inauguraron una sala de barricas sobre una loma desde donde se puede ver todo el viñedo que hoy llega a las 80 hectáreas de suaves lomajes. Por la mañana, sobre todo en días despejados, también se alcanza a ver el horizonte del Pacífico, en un espectáculo totalmente inédito en la escena vitícola chilena.

María Luz Marín

–Es cierto que cuando comenzamos a plantar el fundo en 1998 el vino era un muy buen negocio -reflexiona Fernández-, pero siento que lo sigue siendo para vinos diferentes y con personalidad. Fue precisamente el hacer algo distinto lo que me motivó a plantar aquí.

Este ejemplo fue seguido muy pronto por otros aventureros. Vicente Izquierdo y Max Correa, por ejemplo, plantaron sus viñedos en las lomas de Leyda y hoy se posicionan como productores de uvas de calidad. Santa Rita compra chardonnay y sauvignon blanc de ambos y los mezcla en sus líneas varietales. Mientras tanto, Concha y Toro aprovecha el chardonnay de José Antonio Garcés –también en Leyda- para su mezcla de Casillero del Diablo.

–Lo que más me impresiona –asegura Marcelo Papa, enólogo de Concha y Toro y uno de los más entusiastas promotores del valle- es lo crujiente de la acidez. Para el Casillero chardonnay yo uso uvas de las zonas más cálidas de Casablanca, por lo tanto siento que necesito una acidez firme para la mezcla. Leyda es perfecto.

Según Marcelo, el chardonnay de Casablanca tiende a ser más tropical en sus aromas y, cuando se trata de las zonas más occidentales, es levemente cítrico.

–El chardonnay de Garcés en Leyda es más fresco, más cerca de las manzanas verdes y las peras jugosas -dice.

El viñedo de Garcés fue plantado en 1999 y, mientras sigue entregando su fruta para bodegas como Montes, tiene planificado embotellar su propio sauvignon blanc este año bajo la marca Viña Garcés Silva.

–Nuestro sauvignon está ubicado en la parte más alta de una loma que se orienta hacia el norte y que recibe directamente el aire marino -dice Matías Garcés, hijo de José Antonio, actualmente a cargo del viñedo-. El suelo es delgado, con arcillas que descansan sobre una base de granito. Es un lugar frío, pero sobre todo es ventoso.

El sauvignon de Garcés habla claramente de la influencia de Humboldt. Sus aromas son herbáceos, cítricos, su alcohol está en balance con una acidez viva que lleva directamente a imaginar esa loma mirando al Pacífico.

–Una de las cosas que he aprendido sobre San Antonio es que las diferencias entre las distintas áreas son enormes - dice Matías-. El material puede ser el mismo y las fechas de cosechas similares, pero el lugar influye dramáticamente en el carácter de los vinos. Mi sauvignon, por ejemplo, es completamente distinto de aquellos que crecen hacia el norte del valle.

Aunque las parras de Garcés son muy jóvenes, ya muestran cómo la diversidad de mesoclimas en San Antonio se marca en la fruta, especialmente cuando ese sauvignon se prueba contra el que la familia Matetic produce en el norte de la apelación.

Rodrigo Soto, enólogo de Matetic, la segunda bodega en embotellar bajo la denominación San Antonio, señala:

–Yo prefiero un sauvignon más maduro ante uno que ofrezca notas herbáceas. Según lo que creo, estos últimos aromas simplifican el carácter del vino. Lo que quiero lograr es un blanco con la suficiente estructura como para soportar la madera. Nosotros fermentamos el 25 por ciento de la cosecha 2002 en barricas.

Cuando uno prueba el Viña Matetic Sauvignon Blanc 2002, lo primero que sobresale es la madurez de la fruta y el poder que viene de la concentración de sabores, pero también de sus 14.5 grados de alcohol. La acidez firme se las arregla para dar balance.

Aunque las decisiones a nivel enológico son diferentes, el material plantado tiene el mismo origen. Restando la madera, lo que queda es un claro estudio de las variaciones en terroir de San Antonio.

El fundo El Rosario, sobre la cuenca del estero del mismo nombre, es una quebrada de 9 mil hectáreas que la familia Matetic compró en 1989 para el negocio ganadero, agrícola y forestal. Años más tarde, motivados por el auge del valle de Casablanca, decidieron también destinar parte de esa propiedad a la viticultura.

Nos encontramos en la frontera norte de San Antonio, en una situación topográfica completamente diferente a la de Leyda. El Rosario es un valle transversal que se extiende por más de diez kilómetros flanqueado por montañas y más protegido de la influencia del mar, aunque la Cordillera de la Costa sigue siendo una barrera débil en términos de alturas.

Las partes más bajas del fundo están hacia el occidente. A medida que se avanza hacia el interior, las alturas aumentan y, por consiguiente, al pesado viento frío le cuesta subir en grandes masas. En los bajos de El Rosario, las heladas hacían muy riesgoso plantar parras, así es que por eso los Matetic decidieron ubicar su viñedo hacia el interior. Sin embargo, el peligro seguía presente.

La subzona de Leyda es un valle abierto, con una muy buena ventilación que permite que los vientos fríos no se depositen quemando brotes o racimos en formación. El Rosario, en tanto, es un valle más cerrado y eso dificulta la circulación del aire y evita el peligro de las heladas.

–Con las viñas que están en las laderas de la quebrada no hemos tenido problemas -explica Jorge Matetic, gerente de Viña Matetic-, pero en las partes bajas tuvimos que instalar hélices para hacer circular el aire frío. Lo heladas son un problema, incluso en diciembre.

El agua también fue un problema. Mientras los viñedos de la Depresión Intermedia del Valle Central se abastecen del agua que se derrite de las cumbres de Los Andes y que baja por los afluentes de los ríos cordilleranos, los viñedos de las zonas costeras – por un simple problema de distancia- no alcanzan a beber de ella. El nacimiento de Casablanca fue posible gracias a los pozos. Demasiado lejos del Maipo como para una solución a lo Leyda, la familia Matetic tuvo que imitar a Casablanca y cavar 30 pozos a 35 metros como promedio hasta encontrar agua.

Con ese problema solucionado, lo que seguía era experimentar. Y se fueron a la segura, plantando 33 hectáreas con 9 variedades, desde el tardío carmenère, hasta el más tempranero chardonnay.

A pesar del trabajo en el viñedo, el carmenère no les maduró, pero si tuvieron éxito con el sauvignon blanc, con el Syrah y con el pinot noir, las tres cepas responsables de sus primeros vinos en el mercado. Las dos primeras sirven para dimensionar la diversidad de mesoclimas en San Antonio y la forma en que influyen en la fruta.

Antes de plantar realizaron estudios de temperaturas en distintas partes del sector. Según esos estudios, las laderas son más frías porque están más expuestas a la brisa que se cuela desde el mar. Los sectores planos, aunque en peligros de heladas, están más protegidos y, por lo tanto, son más calurosos.

El syrah, de madurez tardía, fue relegado a esos sectores, sobre suelos de limos pesados, con una mayor retención de agua y, por lo tanto, con una mayor fertilidad.

–Nuestra decisión fue principalmente por el calor de ese lugar -dice Rodrigo Soto, enólogo de Viña Matetic-. El problema del vigor del suelo lo hemos ido controlando con cultivos entre hileras y, además, estamos haciendo fuertes deshojes y tres raleos antes de la cosecha para asegurarnos que la uva madure bien.

En la cosecha 2001, a pesar de la edad del viñedo, ya se puede ver parte de su potencial. Antes que los aromas extra maduros de otras versiones de similares clones en zonas más calurosas del Valle Central chileno, este tinto es rico en aromas especiados y en notas a frutas rojas frescas. El cuerpo, moldeado por una acidez vibrante, carece por ahora de una gran concentración, pero entrega una vivacidad que habla claramente del Pacífico, mostrando una cara totalmente distinta de la cepa en Chile.

Y, finalmente, tenemos Lo Abarca. Este diminuto pueblo, ubicado en el lado norte la cuenca del río Cartagena y en el centro del valle de San Antonio, tiene una cierta reputación por la calidad de sus vegetales, especialmente las muy famosas y crujientes lechugas costinas. Sin embargo, gracias a María Luz Marín, Lo Abarca comienza a ser conocido como el lugar en donde se ha plantado el más radical de los viñedos chilenos.

María Luz es una reputada corredora de vinos en Chile. En 1999 decidió darle un vuelco a su profesión y comenzar a producir vinos. Para ello recurrió a un campo famil- iar en donde solía veranear cuando niña.

En 2000 María Luz co- menzó a plantar sobre los montes que miran hacia el pueblo. De acuerdo a estudios de temperatura, el área tenía una vocación para variedades como el gewürztraminer, sauvignon gris, sauvignon blanc y pinot noir. Al final, plantó sobre distintas exposiciones, suelos y pendientes.

–A ambos lados de la cuenca del río Cartagena, los suelos son arenosos. En las laderas, hacia el este, están compuestos por arcillas y en algunas partes son graníticos, especialmente en aquellos más expuestos a las brisas marinas -me cuenta Mariluz, resguardándose ella misma de esas brisas entre sus jóvenes viñedos.

Estas brisas se cuelan a Lo Abarca por la cuenca del río Cartagena y se pueden sentir no sólo al atardecer –como en el resto del valle–, sino que durante todo el día.

–En enero y febrero tenemos ventoleras soplando directamente desde el Pacífico –confiesa María Luz–, y la verdad es que no sé cómo afectará esto al microclima de la planta. Todo es pura experimentación.

María Luz aún espera por resultados de esas 25 hectáreas. Y si todo sale bien, ella espera lanzar su viña Casa Marín con la cosecha 2003.

La fe y la determinación de María Luz corre paralela a la evolución de la viticultura chilena. Desde los seguros, bien irrigados y fértiles planos del Valle Central, los productores se han movido hacia mesoclimas más complicados, áreas en donde los desafíos son mayores y, eventualmente, las ganancias también.

El resultado de estos esfuerzos muestra una cara completamente diferente de los vinos chilenos, un nuevo carácter de fruta y un nuevo sentido de lugar ligado a áreas donde nunca nadie pensó en plantar viñedos.

Con un paisaje marcado por dos montañas que corren paralelas, en un país delgado como una corbata, no hay razones para no pensar que existen otros San Antonios o Casablancas escondidos por allí, en algún punto de la larga geografía del país.

Por otra parte, los productores chilenos están preocupados por cómo vender sus vinos, los millones de litros de vinos que vienen de esas miles de nuevas hectáreas.

Cuando se plantaron las primeras parras en San Antonio, la industria chilena del vino gozaba de gran salud. En 1998, Chile exportó 500 millones de dólares. Si bien es cierto que esos números se mantienen estables, por estos días son pocos los que hablan de nuevas plantaciones. En este contexto de cierta incertidumbre, San Antonio es lo más cerca que ustedes pueden estar de una apuesta segura.

Bajo el título The Big Chill, este reportaje fue publicado en la edición de Febrero de 2003 de la revista Wine & Spirits, de Estados Unidos.

CARMENÈRE
El Vino de la Verdad

Fotos: Sergio Pérez

Perdida en el Burdeos pre-
filoxérico y redescubierta en el
Valle Central de Chile, la cepa
carmenère supone una gran
oportunidad para que este país
muestre algo original en los
mercados del vino. Sin embargo, primero hay que domarla.
Y eso a veces cuesta bastante.

Primero, el contexto. La cosecha de 1999 fue estupenda en el Valle Central de Chile. Uvas sanas, calor, rendimientos reducidos, excelente luminosidad durante todo el período de maduración, ni una gota de lluvia que alterara la concentración en gusto a fruta de los racimos. En resumen, una añada espectacular para todo aquel que tuviera en su viñedo variedades tintas de madurez tardía y, en la mente, calidad antes que cantidad.

Es en ese escenario donde, por primera vez, una variedad llamada carmenère comenzó a hacer ruido. Ya no se trataba de algunos ejemplos dispersos por ahí. En 1999 el carmenère sacó sus garras, llamó la atención de la prensa, se comenzó a hablar de él en las altas esferas de la enología, hasta se descubrió que en el norte de Italia también lo tenían. Se destapó la cacerola, en el fondo.

Un dato más. Esta variedad habita en Chile hace más de 150 años, así es que en teoría no se trataba de una novedad. Lo que pasó, entonces, fue mucho más que el resultado de un

año estupendo. Hacia 1999, varios de los más importantes vitivinicultores chilenos habían aprendido su lección y estaban preparados para el desafío que implicaba tener éxito con el carmenère. La naturaleza les ayudó, pero ellos también tuvieron parte de la responsabilidad.

¿Pero qué es el carmenère? ¿De dónde salió? ¿Cómo es posible que hoy se diga que es capaz de diseñar vinos con un sentido preciso y claro de origen? Para responder a esas preguntas se debe viajar. Primero a Burdeos. Luego a Chile.

Es probable que los grandes vinos del Médoc, aquellos que motivaron la   clasificación de 1855, sean distintos de los actuales en muchos aspectos. Uno de ellos es su composición varietal. La filoxera, que atacó Burdeos hacia 1860, tuvo no sólo efectos económicos catastróficos, sino que también motivó una profunda transformación a nivel vitícola, cuyos resultados inmediatos se vieron reflejados en una nueva mirada a la viticultura. El uso de portainjertos americanos -el remedio para la enfermedad- provocó que ciertas variedades tintas no siguieran comportándose con el éxito del pasado. Entre ellas, el carmenère, cepa que tenía un importante protagonismo en la región.

Pongámonos en el lugar de un viticultor bordolés de fines del siglo XIX. Abatido por las penurias económicas, busca cepas que, primero, se adapten a los portainjertos de la época y que, segundo, le den cantidad. El carmenère no cumplió con ninguno de esos dos requisitos. Demasiado tardía para el clima de la región, con tendencia a una mala cuaja de sus racimos y, por lo tanto, poco productiva, fue dejada de lado lentamente ante la sombra del merlot. Con el tiempo ya nadie se acordó de ella.

Gran parte del ramillete varietal que Chile ofrece hoy al mundo se origina en las importaciones que un grupo de pioneros realizó desde Burdeos a mediados del siglo XIX, pocos años antes del ataque filoxérico. Pero en esos años no se solía hablar de cepas en esa región gala, sino más bien de una mezcla de variedades en el viñedo. Sólo luego de la crisis de otra enfermedad (el oidium) hacia 1853, las cosas se comenzaron a ordenar. "Hasta ese momento, una impresionante cantidad de variedades coexistían en una misma parcela", asegura el historiador bordolés Gérard Aubin, coautor del libro "Bordeaux, vignoble millénaire".

Eso nos hace pensar que los pioneros chilenos que viajaron a Francia no iban en busca de cepas, sino que más bien de aquellos lotes que, en el mejor de los casos, dieran calidad. Es posible presumir entonces que la selección que hicieron fue masal y que las estacas que importaron a Chile estaban compuestas por malbec, cabernet sauvignon, merlot, cabernet franc, petite verdot y, por cierto, carmenère. El mismo carmenère cuyos días estaban contados.

Chile nunca ha sido atacado por la filoxera, por lo tanto, el uso de portainjertos aún no es necesario. De hecho, las enfermedades de la viña -en un clima estable y seco en el verano como el de este país- nunca llegan a ser serias. Si a eso le agregamos el calor que, por lo general, se extiende hasta las primeras semanas del otoño, es fácil concluir que el carmenère encontró allí su nuevo hogar.

La "mezcla bordolesa", como se le conoce a esa mixtura de variedades importadas de Francia, siguió predominando en el viñedo hasta bien adentrado el siglo XX. La prueba es que incluso a comienzos de los años 80, lo que se vendía era sólo tinto y nunca se daban pistas de lo que había dentro de esas botellas. Mientras los bordoleses hacía rato que ya tenían claro que el cabernet sauvignon y el merlot andaban bien en el Médoc, en Chile la confusión era total.

Claro. Uno puede preguntarse qué había de malo en ello. Nunca en Pomerol o Saint-Emilion se ha hablado de cepas en las etiquetas. El punto es que los viticultores bordoleses, ante las dificultades de esas plagas, se vieron en la obligación de ordenar la viña y, en el intento, aprendieron que cada una de sus cepas tenía ciclos distintos y, por lo mismo, cuidados especiales. Todo eso redundó en una mejor calidad

El auge de las exportaciones en Chile - marcado a mediados de los años 80 y aún en

Álvaro Espinoza

alza- obligó a los productores a muchas cosas. Una de ellas fue la definición varietal. Ante el auge de vinos de cepaje que comenzó a dominar los mercados por esos años, Chile tuvo que tomar cartas en el asunto y ver qué había en el viñedo. El cabernet sauvignon fue la primera bandera y, luego, el merlot. ¿Merlot?

En 1994, la bodega Carmen fue la primera en reconocer, por medio de su etiqueta, que lo que por mucho tiempo se pensó que era merlot, en realidad era carmenère. ¿Cómo fue posible caer en ese error si el merlot madura un mes antes, si sus hojas son distintas, si su racimo es diferente, si es – a fin de cuentas- otra cepa?

Como ya dijimos, la búsqueda de la diferenciación varietal en el viñedo es un fenómeno reciente en Chile. Sin embargo, esta confusión tiene más aristas. La más importante de ellas es la aparente similitud organoléptica entre ambas variedades. Tanto el merlot como el carmenère dan vinos de taninos suaves, de aromas más bien dulces. Es entonces lógico presumir que alguien, en algún momento de la evolución del vino chileno, dijo: "si esto no tiene la astringencia del cabernet sauvignon ni su acidez ni sus notas especiadas, debe ser merlot. No hay muchas más alternativas."

Las estacas responsables de ese primer carmenère de Carmen (etiquetado con el sinónimo de grande vidure y mezclado con cabernet sauvignon) fueron compradas a mediados de los 80 en el vivero de Pablo Morandé, un importante vitivinicultor chileno, hoy responsable de Viña Morandé.

–Yo reproduje ese material de un viñedo en la zona de Colchagua –asegura Morandé-. La primera vez que vi las parras, pensé que se trataba de una especie de clon tardío de merlot. Y fue con esa descripción que lo vendí a Carmen, entre muchos otros.

Álvaro Espinoza, enólogo en ese entonces de la bodega Carmen, por cierto que notó lo tarde que maduraba este "merlot" y, también, que si no se esperaba su madurez y no se controlaban sus rendimientos por planta, daba un marcado aroma vegetal. En 1994, Espinoza realizó la primera vinificación de esas parras de "merlot". Pero a los seis meses recibió una noticia, cuando menos, reveladora.

Ese año se realizó en Chile el VI Congreso Latinoamericano de Viticultura y Enología y uno de los invitados fue el ampelógrafo francés Jean Michel Boursiquot. Caminando por los viñedos de Carmen, en el valle del Maipo, a Boursiquot le llamó la atención una hilera de parras. Tras preguntar el nombre de la variedad, tuvo que replicar, no sin cierta vergüenza, "bueno, esto no es merlot; esto es carmenère". Y ese es el comienzo de la historia.

La bodega Santa Inés y la propia Carmen fueron las pioneras en introducir esta cepa. Sin embargo, ya hacia fines de los 90 el número de carmenère etiquetados como tal sobrepasaba largamente los 40 ejemplos. Del pánico inicial ante la perspectiva de tener que vender una variedad desconocida, se ha pasado al optimismo de ofrecer en el mercado vinos de una cepa prácticamente exclusiva de Chile o, al menos, que puede ser la eventual bandera de la enológica en este país, tal como el Tannat lo es en Uruguay o el Malbec lo es en Argentina. La mala noticia es que la viticultura del carmenère es difícil, muy difícil a veces; la buena noticia es que el cuidado en los detalles da vinos deliciosos.

–Lo que he aprendido con el carmenère es que la madurez es un factor mucho más crítico que en otras variedades –asegura Álvaro Espinoza-. La fecha de cosecha se debe posponer porque puede que, al probar las uvas en el viñedo, la suavidad de sus taninos y el dulzor versus la acidez indiquen que ya es tiempo. Sin embargo, los aromas maduran mucho más lento y por eso es indispensable esperar.

En la degustación ese detalle es uno de los más relevantes cuando se intenta determinar la calidad de la cepa. Y, aunque la situación no es tan crítica como al principio, aún es común encontrar carmenère cuya suavidad de taninos y ese cierto dulzor en la boca (producto, quizás, de la baja acidez de la cepa) pueden engañar si no se presta atención a los aromas. En muchos casos, más que el chocolate o las notas a confitura de frutas rojas, lo que se siente es pimentón verde, es decir, problemas de madurez.

Si bien la fecha de cosecha es un tema para nada menor, existen otros factores que influyen en la madurez del carmenère.

–Los campesinos chilenos dicen que se va en vicio –agrega Espinoza-, es decir, que la parra tiene una fuerte tendencia a producir muchas hojas en desmedro de racimos. Por eso, manejar el follaje y tener mucho cuidado en la relación entre hojas y racimos es fundamental.

Los experimentos de ensayo y error que se han hecho con la cepa desde que se la logró diferenciar del merlot, han enseñado que las notas vegetales están muy conectadas con el tipo de suelo en el que estén las parras, la edad de éstas, los métodos de riego y el control de los rendimientos por planta, todos detalles que son también aplicables a cualquier variedad, pero que en el caso del carmenère parecen más radicales.

–Muchos de los carmenère chilenos que vienen de parras jóvenes –dice Michel Friou, enólogo de Casa Lapostolle– muestran aromas vegetales porque, entre otras cosas, se exagera en la cantidad de racimos. Los nuevos experimentos con viñedos plantados en 1997 que hemos hecho nos han dado muy buenos resultados, pero a costa de bajar la producción a cerca de 100 gramos por planta.

Esos jóvenes viñedos fueron creados a partir de selecciones masales de viejas parras de carmenère plantadas en la zona de Apalta, en el valle de Colchagua, uno de los lugares más reputados para la cepa en el Valle Central chileno.

Pero por mucho que sólo se trate de experimentos, cien gramos por parra suenan una mezquindad, sobre todo en términos comerciales. Por eso el objetivo final es lograr, cuando sean adultos, alrededor de un kilo por planta, lo que para Friou es una cantidad razonable en los suelos de Apalta.

Tanto Friou como Espinoza están de acuerdo en que el carmenère necesita de bastante agua y que riegos periódicos hasta pocas semanas antes de la cosecha, o bien, suelos de mediana retención hídrica, solucionan problemas como la mala cuaja de racimos o la deshidratación de las uvas, un detalle que también lo conecta con el merlot. El punto es que el exceso de agua por seguro dispara el follaje y allí, nuevamente, comienzan los problemas de madurez aromática.

–La mala cuaja de los racimos tiene directa relación con deficiencias de riego –señala Espinoza-, pero para obtener una correcta madurez necesariamente hay que cortar el agua cuando la hora de la cosecha está cerca. Si no, nadie puede remover los aromas vegetales.

El abastecimiento en agua está relacionado íntimamente con el tipo de suelo. En Apalta domina el maicillo (suerte de arcilla gruesa) y la arena. Para Michel Friou esta combinación es ideal, puesto que permite retener la cantidad de agua justa. Básicamente, el maicillo atrapa parte de la humedad y la arena deja escurrir el resto, manteniéndose el equilibrio en los viñedos jóvenes. En los viejos, cuyo sistema radicular se ha prolongado en el subsuelo, la napa de agua subterránea mantiene el balance.

–En invierno, debido a que las lluvias aumenten el caudal –asegura Friou-, la napa está más alta. Hacia mediados del verano, la napa baja dramáticamente permitiendo que las raíces sólo beban lo justo.

Marcelo Retamal

Un ejemplo del tipo de suelo ideal para el carmenère se intuye a partir de los ensayos que la bodega Santa Inés ha realizado en el valle del Maipo, zona central de Chile.

Cuando estuvieron listos para lanzar al mercado una línea de carmenère reserva, optaron por cinco hectáreas plantadas sobre lo que fuera el lecho del río Maipo. En esa área existen tres tipos de suelos: uno muy pobre y formado por arenas y piedras; el segundo más fértil y dominado por limo; el tercero donde el limo, las piedras y la arena se encuentran en equilibrio.

–Los resultados que tuvimos fueron muy diferentes -dice Marcelo Retamal, enólogo de Santa Inés. Mientras que en los suelos más pobres los vinos fueron muy desequilibrados, en los más fértiles la relación entre hojas y racimos nos dio vinos muy verdes.

Retamal se decidió finalmente por los suelos más equilibrados, los que le permitieron forzar la madurez sin riesgos de un exceso de alcohol en desmedro de la acidez:

–Ese sector fue el más fácil de manejar y allí se consiguió una mejor relación entre hojas y racimos. Eso nos motivó a vinificar la uva en forma separada para nuestro vino Reserva de Familia.

La comprensión de estos detalles no sólo ha servido para demostrar que el carmenère es una variedad adorable. El punto es que todos los esfuerzos han permitido comprobar que, además de dar vinos suaves, intensamente coloridos, aromáticos y tan amables en acidez como ricos en alcohol, el carmenère es un perfecto delator. Delata cuando se le trata mal. Incluso grita cada defecto. Pero también delata con una precisión casi matemática su lugar de origen cuando todo en él funciona.

El territorio de Chile es largo y angosto. La amplia zona cultivable del Valle Central está flanqueada por la Cordillera de Los Andes, hacia el Este; y la Cordillera de la Costa, hacia el Oeste.

Por un lado tenemos, entonces, la influencia de Los Andes que se convierte en brisas que bajan hacia los planos enfriadas por la nieve de las alturas; pero también está la Cordillera de la Costa, que actúa como barrera ante los vientos helados que se internan desde el Pacífico, un océano marcado por la fría corriente de Humboldt.

Internarse hacia Los Andes, buscar suelos hacia el Pacífico, jugar con las exposiciones de las laderas de los sistemas montañosos, indagar en los valles transversales, todo influye directamente en el carácter de los vinos y, en especial, en la personalidad del carmenère

–En Peumo el clima se ve transformado por las brisas que se cuelan desde el mar gracias al cajón que forma el río Cachapoal. Esas brisas frías permiten que la madurez se retarde y que los aromas se transformen -señala Ignacio Recabarren, miembro del equipo enológico de la bodega Concha y Toro y responsable de Terrunyo, uno de los carmenère sobresalientes de este país-. Yo comienzo a cortar carmenère a fines de abril y comienzos de mayo, fechas que son muy cercanas a las del valle de Casablanca, una de las zonas vitivinícolas más frías de Chile

Ese clima menos cálido y las brisas que vienen del Océano Pacífico hacen que este vino muestre una fruta roja mucho más fresca que lo habitual en la cepa, además de un lado especiado y unos taninos firmes, punzantes y para nada agresivos.

La situación del carmenère Reserva de Familia de Santa Inés es distinta. Justo a medio camino entre la Cordillera de Los Andes y el Pacífico, crece bajo un clima más caluroso y seco y eso imprime en el vino una madurez más pronunciada que se traduce en frutas rojas confitadas y en taninos que -aunque potentes- parecen menos punzantes y más golosos que los del Terrunyo.

Como la mayoría de las variedades, el carmenère funciona mucho mejor si se le asocia con otra cepa. La decisión habitual entre los productores chilenos ha sido mezclarlo con el cabernet sauvignon.

–Además de darle mayor complejidad aromática –dice Álvaro Espinoza-, el cabernet aporta en acidez y en estructura de taninos, le da más fuerza a fin de cuentas.

Usando una fórmula muy similar a la que emplearon los bordeleses antes de la Filoxera, en Chile la gran mayoría del carmenère etiquetado como tal tiene una parte de cabernet sauvignon. Las leyes de la Comunidad Económica Europea han amparado esta mezcla permitiendo que exista en el assemblage final un máximo de 25% de otra cepa distinta a la que se establece en la etiqueta.

Ignacio Recabarren

–En la versión 1999 de Terrunyo incluimos un 18% de cabernet sauvignon de un viñedo cercano a Los Andes, en el valle del Maipo –cuenta Recabarren-. De esta forma, el cabernet ayuda a estructurar al carmenère y, además, le da un potencial mayor de envejecimiento en botella.

La amabilidad tánica del carmenère, unida a su baja acidez, a su intenso color y a la potencia de sus aromas, la ha convertido en el invitado favorito de los mejores tintos de Chile, la mayoría de ellos en base a cabernet sauvignon, como Almaviva, Montes Alpha M o Seña, sólo por nombrar un puñado de vinos cuyo precio bordea los cincuenta dólares la botella.

El siguiente paso en la evolución del carmenère es asumirlo. Según los registros chilenos, hoy existen unas 4.700 hectáreas plantadas con la cepa. Sin embargo, es un secreto a voces que la mayoría de los tintos etiquetados como merlot son en realidad carmenère o bien mezclas que la incluyen en un gran porcentaje.

Este grave detalle, sin embargo, está cambiando. Lentamente los productores están creyendo en las bondades enológicas de la variedad, pero también en las posibilidades que puede ofrecer en un mercado que busca novedades.

Una de las críticas más frecuentes que se le hace al vino chileno en el mundo es que, primero, su oferta se basa casi exclusivamente en las cuatro variedades clásicas: sauvignon blanc, chardonnay, merlot y cabernet sauvignon. Pero también que todos sus vinos se parecen, que no muestran grandes diferencias ni estilísticas ni de carácter.

La lenta pero consistente búsqueda de las mejores combinaciones entre cepas y mesoclimas está cambiando esa situación, como también las investigaciones que se hacen con el carmenère y con el potencial que tiene, tanto como cepa de mezcla como en la fuerza con la que expresa su lugar de origen. La magnífica cosecha de 1999 fue la prueba de ese potencial. Hoy la tarea es ir más allá.

Este reportaje fue publicado en el número de
Noviembre de 2002 de la revista española Sobremesa.

Los Mejores
Vinos de Chile

Recomendados
y no
Recomendados

El principal cambio de este año en relación a las anteriores versiones del Descorchados es que sólo he reseñado los mejores vinos de cada viña. ¿La razón? Simple. Cada vez se me hace más difícil escribir sobre vinos que no me dicen nada. Gasto tiempo, un tiempo que sería mucho mejor dedicarlo a las muestras que sí valen la pena.
Por ello, al comienzo de cada bodega ustedes verán un recuadro como éste:

Y luego, al final de todas las reseñas de los vinos recomendados, se toparán con una lista de vinos no recomendados. Esta es una guía muy personal, ustedes lo saben. Vinos que a mí me gustan y que quiero compartirlos y comentarlos con ustedes. Por lo tanto, esta última lista contiene aquellas botellas en las que, sencillamente, no pude encontrar ninguna razón para recomendarlas. En una escala de cien puntos, estos vinos obtendrían menos de ochenta.

Y hablando de la famosa escala de cien puntos, la más usada internacionalmente, tengo que reconocer que este año la he aplicado con mucho más rigor que en versiones anteriores. Siento que la escena de los vinos chilenos está en un momento crítico de su evolución. El consumidor es cada vez más exigente, cada vez más duro, mientras que la competencia de otros países productores es feroz. En ese contexto, creo que hay que colaborar con críticas constructivas. Espero que las mías lo sean.

Cómo usar esta Guía

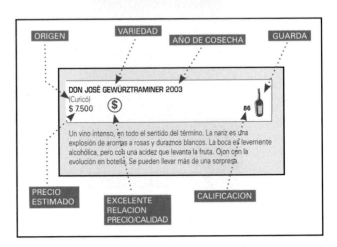

ORIGEN   VARIEDAD   AÑO DE COSECHA   GUARDA

DON JOSÉ GEWÜRZTRAMINER 2003
(Curicó)
$ 7.500   ($)   86

Un vino intenso, en todo el sentido del término. La nariz es una
explosión de aromas a rosas y duraznos blancos. La boca es levemente
alcohólica, pero con una acidez que levanta la fruta. Ojon con la
evolución en botella. Se pueden llevar más de una sorpresa.

PRECIO
ESTIMADO

EXCELENTE
RELACION
PRECIO/CALIDAD

CALIFICACION

BOTELLA AMARILLA

Este vino está
pensado para
beberse en el
corto plazo.
Si necesita
tiempo espere
como máximo
un año.

BOTELLA ROJA

Si se trata de
un blanco,
espere un par
de años. Si se
trata de tintos,
dos o tres años
y no perderán
su dinero.

BOTELLA AZUL

Guardar algu-
nas de estas
botellas puede
depararle
más de una
sorpresa de
aquí a cinco
años. Quizás
más. Quién
sabe.

(Entre 80 y 84 puntos):
Buen vino. No les cambiará la vida pero les dará un
momento de placer.

(Entre 85 y 89 puntos):
Vino de calidad y toques de grandeza que no se debieran
perder, sobre todo si el precio es bueno.

(Entre 90 y 100 puntos):
Estos vinos se acercan sospechosamente a la perfección.
No se fijen en gastos. La calidad cuesta.

El mejor blanco
Casa Marín

Laurel Vineyard Sauvignon Blanc 2003
Valle de San Antonio
93 puntos

Este potente sauvignon confirma una teoría ya probada: los mejores blancos de Chile vienen de esta cepa. En este caso se trata de un debut en exclusiva para el Descorchados. Una colina de suelos calcáreos que mira hacia el Pacífico, en Lo Abarca, distante apenas cuatro kilómetros del mar. Parras plantadas en 2000 y una bomba de sabores que se impregna en la nariz y que luego explota en el paladar con una fuerza inusitada, violenta, adorable en su frescor. Hay mineralidad aquí, fuerza y, sobre todo, una promesa de potencial que marca un rumbo recién en su primera cosecha, colocando la vara muy alta para los demás sauvignon chilenos.

¿Qué pasará con la segunda cosecha de estas parras? ¿Cómo se comportarán luego del tremendo esfuerzo al que fueron sometidas para dar origen a un vino de tal concentración frutal? ¿Estamos ante una muestra de terroir? Me alucina pensar en los viñedos de Casa Marín cuando lleguen a una edad más avanzada. Y también me alucina la idea de que estos tempranos y esperanzadores resultados sean el aliciente exacto para que otros locos radicales se aventuren al mar, se sumerjan en el Pacífico y salgan a flote trayendo consigo vinos que nunca antes habíamos probado. Es en esta experimentación, en este riesgo, donde está parte del futuro del vino chileno.

El mejor tinto
Casa Lapostolle

Clos Apalta 2001
Valle de Colchagua
94 puntos

Un viejo ganador del Descorchados que, gracias a la estupenda cosecha de 2001, llega a su más alto nivel. Nunca antes Clos Apalta había exhibido tal grado de equilibrio. Sí, estamos acostumbrados a sus frutas licorosas, a su madurez exacta, a la forma golosa en que se mueve en el paladar, seductor, lleno de vitalidad. Sin embargo, el tema de este 2001 es la textura, la suavidad de sus taninos nadando en mares densos de frutosidad embriagante; se emborrachan en ella, se calman, se vuelven chocolate. Hay fuerza, pero lo que queda al final es una suavidad voluptuosa, a lo Gina Lolobrigida.

El secreto de esta nueva versión es el de siempre: viejas parras del Cóndor de Apalta, parras que ya no dan más pero que siguen como si en eso se les fuera la vida. En esas plantas se esconde un profundo sentido de lugar. ¿Quién mejor para interpretar el terroir de Apalta que esta comunidad avecindada en esos suelos maicillosos por más de medio siglo?

Clos Apalta, como todos los años, es un vino escaso y caro. La tarea para los amantes del vino chileno es hacer el sacrificio. Y moverse rápido.

93	Casa Marín Laurel Vineyard Sauvignon Blanc 2003 (San Antonio)	$ 15.000
91	Aquitania Sol de Sol Chardonnay 2002 (Traiguén)	$ 12.000
91	Concha y Toro Terrunyo Sauvignon Blanc 2003 (Casablanca)	$ 8.900
89	Casa Lapostolle Cuvée Alexandre Chardonnay 2002 (Casablanca)	$ 10.900
89	Casa Marín Casona Vineyard Gewürztraminer 2003 (San Antonio)	$ 15.000
89	Matetic EQ Chardonnay 2002 (San Antonio)	$ 14.800
89	Ventisquero Reserva Sauvignon Blanc 2003 (Casablanca)	$ 3.400
89	Villard El Noble Late Harvest 2000 (Casablanca)	$ 7.800
88	Casas del Bosque Casa Viva Sauvignon Blanc 2003 (Casablanca)	$ 2.900
88	Cono Sur Limited Edition 20 Barrels Chardonnay 2002 (Casablanca)	$ 12.000
88	Leyda Chardonnay Reserve Falaris Hill Vineyard 2002 (Leyda)	$ 5.500
88	Casa Marín Cipreses Vineyard Sauvignon Blanc 2003 (San Antonio)	$ 17.500
88	Santa Inés de Martino Single Vineyard Sauvignon Blanc 2003 (Casablanca)	$ 8.900

MEJORES BLANCOS BAJO $3.000

88	Casas del Bosque Casa Viva Sauvignon Blanc 2003 (Casablanca)	$ 2.900
87	Francisco de Aguirre Sauvignon Blanc 2003 (Limarí)	$ 1.550
86	Canepa Sauvignon Blanc 2003 (Rapel)	$ 2.400
85	Ventisquero Selección Chardonnay 2002 (Casablanca)	$ 2.500
84	Casas del Bosque Casa Viva Chardonnay 2003 (Casablanca)	$ 2.900
84	Casablanca Etiqueta Blanca Sauvignon Blanc 2003 (Casablanca)	$ 2.900
84	Leyda Reserva Estación Chardonnay 2003 (Leyda)	$ 2.990
84	Casa Tamaya Chardonnay 2003 (Limarí)	$ 2.990

94 Casa Lapostolle Clos Apalta 2001 (Colchagua)	$	49.900
92 Almaviva 2001 (Maipo)	$	50.000
92 Chateau Los Boldos Grand Cru Cabernet Sauvignon 1999 (Requinoa)	$	36.000
92 Concha y Toro Terrunyo Carmenère 2001 (Cachapoal)	$	11.900
92 Montes Folly Syrah 2001 (Apalta)	$	43.000
92 El Principal 2001 (Maipo)	$	24.500
92 Santa Rita Casa Real Reserva Especial Cabernet Sauvignon 2000 (Maipo)	$	28.000
92 Viu Manent Viu 1 2001 (Colchagua)	$	32.000
91 Antiyal 2001 (Maipo)	$	24.000
91 Carmen Reserva Grande Vidure-Cabernet Sauvignon 2001 Maipo	$	5.200
91 Carmen Wine Maker's Reserve Red 2000 (Maipo)	$	14.000
91 Concha y Toro Marqués de Casa Concha Cabernet Sauvignon 2001(Puente Alto)	$	6.900
91 Concha y Toro Terrunyo Cabernet Sauvignon 2001 (Pirque)	$	11.900
91 Cono Sur Limited Edition 20 Barrels Merlot 2002 (Colchagua)	$	12.000
91 Casa Lapostolle Cuvée Alexandre Merlot 2001 (Colchagua)	$	10.900
91 Montes Montes M 2001 (Santa Cruz – Apalta)	$	45.000
91 El Principal Memorias 2001 (Maipo)	$	12.500
91 Santa Rita Floresta Cabernet Sauvignon-Merlot 2000 (Maipo)	$	17.000
91 Santa Rita Triple C Cabernet Franc - Cabernet Sauvignon - Carmenère 1999 (Maipo)	$	24.000
91 VOE / Viñedos Orgánicos Emiliana Coyam 2000	$	6.000

MEJORES TINTOS BAJO $3.000

89 Torreón de Paredes Reserva Merlot 2002 (Rengo)	$	3.000
88 Caliterra Cabernet Sauvignon 2002 (Valle Central)	$	3.000
87 J. Bouchon Chicureo Reserva Carmenère 2002 (Maule) $2.600		
87 Casas Patronales Cabernet Sauvignon – Carmenère 2002 (Maule)	$	3.000
87 Casa Rivas Cabernet Sauvignon 2002 (Maipo)	$	2.500
87 Casa Rivas Carmenère 2002 (Maipo)	$	2.500
87 B.Philippe de Rothschild Reserva Cabernet Sauvignon 2002 (Valle del Maipo)	$	3.000
87 Santa Mónica 5 Variedades 2002 (Rancagua)	$	3.000

Total vinos catados:	**844**
Total vinos recomendados:	**426**
Total vinos no recomendados:	**418**

BLANCOS

Chardonnay
Total catados:	143
Total recomendados:	32
Total no recomendados:	111

Sauvignon Blanc
Total catados:	89
Total recomendados:	32
Total no recomendados:	57

Viognier
Total catados:	12
Total recomendados:	4
Total no recomendados:	8

TINTOS

Cabernet Sauvignon
Total catados:	173
Total recomendados:	128
Total no recomendados:	45

Carmenère
Total catados:	75
Total recomendados:	46
Total no recomendados:	29

Merlot
Total catados:	115
Total recomendados:	57
Total no recomendados:	58

Pinot Noir
Total catados:	37
Total recomendados:	11
Total no recomendados:	26

Syrah
Total catados:	51
Total recomendados:	30
Total no recomendados:	21

ÍNDICE ALFABÉTICO DE VIÑAS

AND THE WINNER IS...

CLOS APALTA 2001 DE CASA LAPOSTOLLE
RECIBIÓ EL PREMIO 'MEJOR TINTO'
OTORGADO POR LA GUÍA DE VINOS DESCORCHADOS,
CON 94 PUNTOS,

Casa Lapostolle

Chilean by Nature. French by Design.

LAS VIÑAS
y sus vinos

FRANCISCO DE AGUIRRE

Dirección:	Camino Punitaqui Km.12
	Ovalle. Casilla 235.
E-mail:	imaraneda@capel.cl
Teléfono:	(56-53) 731 193
Sitio:	www.vinafranciscodeaguirre.cl
Valles:	Limarí

El Limarí va en alza. Nuevas bodegas se abren en el valle y comienza a sentirse, por fin, un sentido de comunidad. Francisco de Aguirre es la bodega pionera, pero su experiencia en la zona no ha sido suficiente como para lograr que sus vinos tengan un real sentido de lugar. La mayoría sólo bebibles. Muy pocos hablan del Limarí y su potencial. Mi favorito es un sorprendente sauvignon blanc. Pruébenlo y sientan algo de ese valle.

Vinos catados:	7
Vinos no recomendados:	5
Vinos recomendados:	2

Blancos recomendados

PALO ALTO SAUVIGNON BLANC 2003
(Limarí)
$ 1.550 **($)**   87

Es cierto, la nariz atrae por sus aromas a duraznos blancos y a hierbas. Pero lo que más me gusta de este sauvignon nortino es su boca, levemente dulce, pero con excelente jugosidad. Ideal para un cebiche de ostiones.

Tintos recomendados

PALO ALTO RESERVA CABERNET SAUVIGNON 2002
(Limarí)
$ 2.510   83

Digamos que este vino, aunque sin elegancia ni balance, tiene
fuerza, ímpetu y, sobre todo, serias posibilidades de ser un excelente
acompañante de unas chuletas de cerdo a la parrilla.

Blancos no recomendados
Palo Alto Chardonnay 2003 (Limarí)
Palo Alto Reserva Chardonnay 2002 (Limarí)
Palo Alto Reserva Viognier 2002 (Limarí)
Moscatel de Alejandría Late Harvest 2002 (Limarí)

Tintos no recomendados
Palo Alto Reserva Merlot 2002 (Limarí)

ALMAVIVA

Dirección:	Av. Santa Rosa 821, Paradero 45, Puente Alto, Santiago.
E-mail:	bdominguez@almaviva.cl
Teléfono:	(56-2) 852 93 00
Sitio:	En construcción
Valle:	Maipo

Almaviva es un vino consistente. Año tras año sorprende con su fruta y su elegancia dada por un balance y por unos taninos que, para mi gusto, son inigualables. El año pasado maté por la versión 2000, principalmente porque en un año complejo la mano vitícola y enológica supo sacar las cosas adelante y de manera notable. Este 2001 es maduro y especiado, elegante antes que súper fortachón. Un Almaviva clásico. Una fotografía de estilo.

Vinos catados:	1
Vinos no Recomendados:	0
Vinos Recomendados:	1

Tinto recomendado

ALMAVIVA 2001
(Maipo)
$ 50.000   **92**

En un comienzo, esta versión de Almaviva es distante, casi fría. La nariz es especias y la boca se siente apretada, austera en exceso. Sin embargo, una vez que el vino se oxigena todo cambia. La nariz se vuelve exuberancia en frutas maduras, mientras que la boca es una pequeña bombita de sabor. Todo calza perfectamente y, sin ser un vino súper concentrado, mantiene una vivacidad y fibrosidad de taninos que me impresiona. Un excelente Almaviva, sin duda.

ANAKENA

Dirección:	Alonso de Córdova 5151, Of. 1103, Las Condes, Santiago.
E-mail:	info@anakenawines.cl
Teléfono:	(56-2) 426 06 08
Sitio:	www.anakenawines.cl
Valles:	Rapel, Casablanca

Anakena sigue mostrando solidez. Sus vinos captan la fruta del Alto Cachapoal y, especialmente en los tintos, ofrecen modernidad, mucha fruta madura y también, en algunos casos, cierta complejidad gustativa. En la escena cada vez más interesante de vinos de Cachapoal, Anakena está sin duda entre los mejores.

Vinos catados:	9
Vinos no recomendados:	4
Vinos recomendados:	5

Blanco recomendado

RESERVA VIOGNIER 2003
(Rapel)
$ 6.500   **85**

El camino del viognier en Chile es largo y pesado. Una cepa compleja, falta de acidez, pero adorable en sus aromas, necesita de climas adecuados, ni muy cálidos ni muy fríos. Rapel, hacia la cordillera, parece un buen sector y este blanco un buen ejemplo de su potencial. Nariz llena de flores, boca levemente amarga pero potente y enjundiosa. Bien.

Tintos recomendados

RESERVADO MERLOT 2002
(Rapel)
$ 3.890   **88**

Súper maduro, súper amable, generoso en sus aromas a frambuesas en mermelada. La boca es puro dulzor. Envuelve el paladar con el alcohol, moviéndose pesadamente aunque con gracia. Una gelatina para esos chiles rellenos que uno pide en el restaurante mexicano. Muy bueno.

CABERNET SAUVIGNON 2002
(Rapel)
$ 2.490   84

Apelando a la súper madurez, aquí hay textura amable y frutas licorizadas. Ideal para mantenerlo una media hora en el refrigerador y luego acompañarlo con un sandwich de pernil.

RESERVA SYRAH 2002
(Rapel)
$ 6.500   86

Lo mejor de este syrah es el frescor de la fruta, la forma en que se mueve en el paladar, casi saltando a brincos sobre la lengua. Rico, frugal y amable.

CARMENÈRE-MALBEC-SYRAH 2002
(Rapel)
$ aún no en el mercado   89

Cuando Anakena exagera, exagera en madurez; y sus vinos se vuelven monótonos. Sin embargo, en este caso la fruta parece haber sido cosechada en su momento óptimo, entregando uva vibrante y fibrosa, alegre. Vean qué pasa con esta mezcla de aquí a dos años.

Blancos no recomendados
Sauvignon Blanc 2003 (Rapel)

Tintos no recomendados
Reservado Pinot Noir 2002 (Rapel)
Merlot 2002 (Rapel)
Reserva Carmenère 2002 (Rapel)

ANTIYAL

Dirección:	Camino Padre Hurtado 68, Paine, Santiago.
E-mail:	antiyal_mashton@entelchile.net
Teléfono:	(56-2) 821 42 24
Sitio:	www.antiyal.com
Valles:	Maipo

La breve historia de Antiyal comienza en 1998 con la primera cosecha de este vino orgánico y biodinámico. Y aunque no todos los años han sido excelentes, no se puede negar que aquí hay un vino bien definido en su personalidad, un tinto mediterráneo, como suele decir Álvaro Espinoza. Especias dulces, taninos amables y fruta cálida. El 2001 de Antiyal es el mejor de todos, gracias a la experiencia de este enólogo, pero también a un año espectacular en el Maipo.

Vinos catados:	1
Vinos no recomendados:	0
Vinos recomendados:	1

Tinto recomendado

ANTIYAL 2001
(Maipo)
$ 24.000   **91**

En 1994 Álvaro Espinoza descubrió que los viñedos de Carmen, en Alto Jahuel, no eran merlot, sino carmenère. Este descubrimiento no sólo lo posiciona como un pionero de la variedad, sino que como uno de los vitivinicultores que más entiende los caprichos de la cepa. Este es un Antiyal definitivo, potente, especiado, dulce. Sientan las notas a clavo de olor, a canela, a pimienta. La boca se llena de aromas a moras. La esencia de esta mezcla entre carmenère, cabernet sauvignon y syrah es su amabilidad, una suerte de viaje. Eso es. Un viaje. Tienen que probarlo. Sí o sí.

AQUITANIA

Dirección:	Avenida Consistorial 5090, Peñalolén, Santiago.
E-mail:	info@aquitania.cl
Teléfono:	(56-2) 284 54 70
Sitio:	www.aquitania.cl
Valles:	Maipo, Traiguén

Paul Bruno, el vino top de Aquitania, no alcanzó a estar en condiciones de cata para esta versión del Descorchados, así es que me tuve que contentar con probar la nueva cosecha de Sol de Sol. Y me sigue encantando la forma en que Aquitania trata a este vino, sobre todo a nivel de fruta. La novedad es Lázuli, el nuevo tinto de la casa que, más que identidad con la Quebrada de Macul -como su hermano mayor, Paul Bruno-, ofrece rica fruta sin complejos. Aquitania hace las cosas bien. Son confiables.

Vinos catados:	2
Vinos no recomendados:	0
Vinos recomendados:	2

Blanco recomendado

SOL DE SOL CHARDONNAY 2002
(Traiguén)
$ 12.000   91

Pongámoslo de esta manera: Sol de Sol es el mejor chardonnay de Chile. No hay ningún otro que tenga esa mineralidad, esa concentración de sabores a limones en almíbar, a duraznos maduros, a pimienta blanca. Es un clásico. Sin embargo, tal como lo he venido diciendo desde que descubrí este vino en su primera versión de 2000, es necesario quitarle madera. En este 2002 resulta evidente que las notas tostadas sólo provocan ruido, después que uno escucha como esa súper potente fruta se planta en la boca, se disuelve sobre la lengua, envuelve el paladar.

Tinto recomendado

LÁZULI CABERNET SAUVIGNON 2002
(Maipo)
$ aún no en el mercado   **87**

Aromas especiados, a tabaco, a canela, todo de la barrica. La boca es, sin embargo, jugosa, madura y concentrada. Sin ser un gran vino del Maipo, este Lázuli se la juega por la fruta. Y lo hace bien.

HACIENDA ARAUCANO

Dirección:	Hacienda Araucano s/n km. 29, Ruta I-72 Lolol, Colchagua.
E-mail:	hacienda.araucano@jflurton.cl
Teléfono:	(56-2) 196 6631
Sitio:	www.lurton.com
Valles:	Colchagua, Casablanca

Con su nueva bodega en Colchagua, camino a Lolol, los Lurton ya se han asentado en Chile luego de varios años de arrendar espacios para vinificar. Su marca central, Gran Araucano, comenzó a mostrar fuerza hacia fines de los 90 y hoy, sobre todo la versión cabernet sauvignon, es una suerte de bicho raro en la escena colchagüina. Elegante, de un equilibrio entre taninos y acidez muy logrado y con una textura sedosa como pocos cabernet chilenos, este Araucano muestra el ojo de los Lurton cuando de vinos comerciales se trata. Sin embargo, las cosas recién comienzan. Sus vinos aún no me convencen del todo, pero como soy optimista, veo a este Araucano tinto como una luz a la distancia.

Vinos catados:	3
Vinos no recomendados:	2
Vinos recomendados:	1

Tinto recomendado

GRAN ARAUCANO CABERNET SAUVIGNON 2001 (Colchagua)
$ 18.000   87

Las notas son licorosas y esa textura suave es oleosa, acaricia la lengua, juguetea con ella, le susurra al oído. El trabajo entre la madera y la fruta me gusta. No es un vino lleno de potencia, tampoco un cabernet de Colchagua que abusa de la madurez. Es un tinto elegante. Vean lo que pasa con él de aquí a dos años.

Blancos no recomendados
Gran Araucano Sauvignon Blanc 2002 (Casablanca)
Gran Araucano Chardonnay 2002 (Casablanca)

ARESTI

Dirección:	Alcántara 107. Las Condes, Santiago.
E-mail:	mcervantesp@arestichile.cl
Teléfono:	(56-2) 461 43 30
Sitio:	En construcción
Valles:	Curicó

El gran fuerte de Aresti está en el cabernet sauvignon. Aprovechando la fría influencia de Los Andes, en Río Claro, la fruta que obtienen siempre muestra frescor y vivacidad. Hay energía contenida en sus vinos y eso se agradece. Aún no logran dar con un tinto definitivo, pero los intentos siguen y los resultados son interesantes. Es necesario tener paciencia y beber, por ejemplo, ese muy bien logrado Cabernet Reserva 2001. Para chuparse los dedos.

Vinos catados:	16
Vinos no recomendados:	11
Vinos recomendados:	5

Blancos recomendados

GEWÜRZTRAMINER 2003
(Curicó)
$ 1.900   83

Simple, con notas a rosas y leves toques de lichis, la nariz de este gewürztraminer no es súper potente, pero sí amable. No cansa. La boca tiene algo más de alcohol de lo que me gustaría, pero hay acidez para refrescar. Un amable blanco para las tardes de otoño.

LATE HARVEST 2002
(Curicó)
$ 3.490

83

Entre tanto dulzor, hay una acidez y una concentración a fruta que se agradece. Rico e ideal para una compota de duraznos.

Tintos recomendados

MERLOT 2002
(Curicó)
$ 1.990

82

La nariz es verde, dejémoslo claro. Pero en la boca las cosas mejoran y se siente gusto a mermelada de cerezas y chocolate. Simple y abordable. Piensen en unas berenjenas asadas.

RESERVA CABERNET SAUVIGNON 2001
(Río Claro)
$ 3.490

88

Aquí se nota el esfuerzo por lograr un vino de más ambición. La influencia fría de Los Andes, bajando por el Río Claro, se aprecia en la fruta negra y ácida de este cabernet. Austero en nariz, profundo en boca. Vale la pena.

FAMILY COLLECTION CABERNET SAUVIGNON 1999
(Curicó)
$ 9.990

86

Gracias a una cosecha más calurosa en Curicó, este cabernet es amable en la nariz. Con notas a moras frescas y mermelada de cerezas. La boca tiene taninos potentes, aún no domados por el tiempo en botella. Austero y correcto.

Blancos no recomendados

Sauvignon Blanc 2003 (Curicó)
Reserva Sauvignon Blanc 2002 (Río Claro)
Chardonnay 2003 (Curicó)
Reserva Chardonnay 2002 (Río Claro)

Rosé no recomendados

Aresti Rosé 2003 (Curicó)

Tintos no recomendados

Reserva Merlot 2001 (Río Claro)
Carmenère 2002 (Curicó)
Family Collection Carmenère 2001 (Curicó)
Merlot 2002 (Curicó)
Family Collection Merlot 2001 (Curicó)

BISQUERTT

Dirección:	El Comendador 2264, Providencia, Santiago.
E-mail:	info@bisquertt.cl
Teléfono:	(56-2) 422 06 50
Sitio:	www.bisquertt.cl
Valles:	Colchagua

El estilo de Bisquertt ya es bastante conocido. Antes que extrema concentración, la bodega se la juega por la amabilidad y la simpleza, diseñando vinos modernos, concentrados en la suavidad y en los aromas cálidos del valle de Colchagua. En blancos el clima les juega malas pasadas y se siente cómo la fruta se quema y los vinos se vuelven chatos. Para no pedirle peras al olmo, mejor es disfrutar de los ligeros y simples tintos de Bisquertt.

Vinos catados:	11
Vinos no recomendados:	7
Vinos recomendados:	4

Tinto recomendado

CASA LA JOYA GRAN RESERVE CARMENÈRE 2001 (Colchagua)
$ 7.200   **85**

Fresco y a la vez maduro, con aromas a frambuesas en conserva y leves notas herbáceas que aportan a esa sensación primaveral. La boca es suave, ligera y con una rica acidez. Bueno para un filete de salmón a la parrilla.

CASA LA JOYA RESERVE MALBEC 2002
(Colchagua)
$ 4.700

83

Algo rudo este malbec. Fruta negra ácida, taninos potentes y levemente pinchadores sobre una jugosidad más bien austera. Urgente una pizza con doble queso, peperoni y aceitunas.

CASA LA JOYA RESERVE SYRAH 2002
(Colchagua)
$ 4.700

86

Jugoso, fresco, simple, este syrah tiene el brío y la juventud como para alegrar un buen asado de pescados azules. Yo, por ejemplo, correría a comprar unas sardinas.

CASA LA JOYA GRAN RESERVE CABERNET
SAUVIGNON 2001 (Colchagua)
$ 7.200

85

Otro vino simple y rico, sin pretensiones, con fruta madura, viva y un cuerpo suave y de buen balance. Nada para volverse loco de emoción, pero un compañero perfecto para un trozo de pollo asado.

Blancos no recomendados
Casa La Joya Sauvignon Blanc 2003 (Rapel)
Casa La Joya Reserve Sauvignon Blanc 2003 (Colchagua)
Casa La Joya Chardonnay 2003 (Colchagua)
Casa La Joya Gran Reserve Chardonnay 2002 (Colchagua)

Tintos no recomendados
Casa La Joya Reserve Merlot 2001 (Colchagua)
Casa La Joya Gran Reserve Merlot 2001 (Colchagua)
Casa La Joya Reserve Cabernet Sauvignon 2001 (Colchagua)

CHATEAU LOS BOLDOS

Dirección:	Camino Los Boldos s/n Requinoa. Casilla 73.
E-mail:	boldos@clb.cl
Teléfono:	(56-72) 551 230
Sitio:	www.chateaulosboldos.com
Valles:	Cachapoal

No se engañen. A pesar de los vinos no recomendados de Los Boldos, lo que quedó tras la selección es puro filete. Yo me quedo con el Grand Cru, un vino definitivo que ya había probado en la versión 2002 del Descorchados. Esta vez rompí la regla de no catar un vino dos veces, sencillamente porque caí rendido ante la súper fuerza y el poder de fruta de esta mezcla entre cabernet y merlot. La primera vez le di 89 puntos; hoy tiene 92 y se instala entre los mejores tintos de Chile. Pero si no tienen pensado gastarse una buena suma en Grand Cru, pueden ir por la línea Sanama, un buen descubrimiento de esta sólida bodega en el Alto Cachapoal.

Vinos catados:	5
Vinos no recomendados:	2
Vinos recomendados:	3

Tintos recomendados

SANAMA RESERVA MERLOT 2000
(Rapel)
$ 3.270   **86**

Las especias -y la madera- mandan en la nariz. Pero no se desesperen. La boca guarda sorpresas. La concentración en gusto a fruta

no tiene nada que ver con la fragilidad del 2000. Al contrario, hay fuerza y pasión en este merlot. Es demasiado joven a pesar de sus cuatro años. Vayan y pruébenlo

SANAMA RESERVA CABERNET SAUVIGNON 2000
(Rapel)
$ 3.270   89

La madera, a diferencia del merlot, está mejor integrada. Tiene mucho
de tostado, pero tras esas notas aparece el gran poder de la fruta.
Goloso, fresco, potente, con la fuerza musculosa de bajos rendimientos
de viejas viñas en el Alto Cachapoal.

GRAND CRU 1999
(Rapel)
$ 36.000   92

Una pequeña explosión de sabores. Gran concentración, excelente
fruta, mucha fuerza. Dentro del contexto de lo que se elabora en el
Alto Cachapoal, este es un símbolo de potencial. Si les gustan los
tintos concentrados, éste es su vino. Si le gusta la elegancia y sentir
cómo el paladar descubre capas y capas de sabores, vayan por este
impresionante tinto.

Rosé no recomendados
Fleur de Rosé 2002 (Requinoa)

Tintos no recomendados
Vieilles Vignes Cabernet Sauvignon 1999 (Rapel)

CASAS DEL BOSQUE

Dirección:	Alonso de Córdova 5511, Of.1501, Las Condes, Santiago.
E-mail:	info_cdb@casasdelbosque.cl
Teléfono:	(56-2) 378 55 44
Sitio:	www.casasdelbosque.cl
Valles:	Casablanca, Rapel

Se nota que hay ambición en los vinos de Casas del Bosque. Estoy pensando, específicamente, en el Gran Bosque Family Reserve Cabernet Sauvignon, donde la concentración en gusto a fruta se siente y casi grita en madurez. Pero en el otro extremo, me gusta la simpleza de sus sauvignon, especialmente el agradable y simple Casa Viva 2003, un vino que muestra las aptitudes de Casablanca para esta cepa. Las demás muestras recomendadas son vinos correctos que no los van a defraudar.

Vinos catados:	16
Vinos no recomendados:	11
Vinos recomendados:	5

Blancos recomendados

CASA VIVA SAUVIGNON BLANC 2003
(Casablanca) $
$ 2.900   88

La nariz huele a hierbas frescas, verdes, con una potencia más que considerable. La boca, aunque con un buen grado de alcohol, tiene la suficiente acidez para lograr equilibrio y, sobre todo, impedir que el vino queme. Un buen ejemplo del valle.

SAUVIGNON BLANC 2003
(Casablanca)
$ 3.500

83

Aunque en la nariz hay ciertas notas a cebolla fresca, también es posible sentir algo de frutas blancas en el estilo de manzanas y duraznos. En la boca la acidez es la que manda y, aunque es un vino súper veraniego, como para aliviar las tardes de calor en enero o febrero, siento que le falta algo de fruta. Bueno para un cebiche de camarones.

CASA VIVA CHARDONNAY 2003
(Casablanca)
$ 2.900

84

Buenas intensiones. Aromas a piñas frescas sobre un fondo de acidez que inunda la boca con frescor. Bien.

Tintos recomendados

RESERVE MERLOT 2002
(Casablanca)
$ 6.700

84

Las especias dulces y a la vez frescas dominan la nariz, mientras que en la boca hay un dulzor que se roba la película, convirtiendo a este simple y directo tinto en un buen acompañante para las empanadas del domingo.

GRAN BOSQUE FAMILY RESERVE
CABERNET SAUVIGNON 2000 (Rapel)
$ 18.000

88

Súper licoroso, maduro casi en su estado máximo, el doctor les debiera recomendar sólo una copa al mes. Se aplaude, en todo caso, la paciencia y los nervios de acero del viticultor para esperar por la madurez de estas uvas. Cassis, cerezas negras en mermelada, cuerpo algo alcohólico, pero compensado por la concentración en gusto a fruta. Buen intento.

Blancos no recomendados
Reserva Sauvignon Blanc 2002 (Casablanca)
Chardonnay 2002 (Casablanca)
Reserve Chardonnay 2001 (Casablanca)
Late Harvest 2000 (Casablanca)

Tintos no recomendados
Reserve Pinot Noir 2002 (Casablanca)
Casa Viva Merlot 2002 (Casablanca)
Merlot 2002 (Casablanca)
Casa Viva Cabernet Sauvignon 2002 (Rapel)
Cabernet Sauvignon 2002 (Rapel)
Reserve Syrah 2002 (Casablanca)
Reserve Cabernet Sauvignon 2002 (Rapel)

J. BOUCHON

Dirección:	Evaristo Lillo 178, Of. 21, Las Condes, Santiago.
E-mail:	jbouchon@jbouchon.cl
Teléfono:	(56-2) 246 97 78
Sitio:	www.jbouchon.cl
Valles:	Maule

Sólido. Hace rato que Bouchon viene demostrando su potencial con el malbec, quizás entre los más deliciosos de Chile. Sin embargo, hay que considerar también sus cabernet llenos de fuerza y elegancia. Rafael Sánchez, el enólogo de esta bodega, me confesó que está feliz con los resultados obtenidos, porque estos vinos son el reflejo de un cambio fundamental en el viñedo, bajando rendimientos y manejando las parras con mayor prolijidad. Para mí, esta entrega de Bouchon se siente más seria, llena de vinos especiados antes que con esas notas achocolatadas del pasado. Como buen líder del Maule, Bouchon juega bien sus cartas y de paso prestigia su zona.

Vinos catados:	7
Vinos no recomendados:	3
Vinos recomendados:	4

Tintos recomendados

CHICUREO RESERVA MERLOT 2003
(Maule)
$ 2.690 $ **85**

Austero, más pimientas y canela que frutas, con una boca aún cerrada, demasiado joven todavía. Pero es una buena aproximación. Compren un par de botellas y ábranlas a fin de año. Ahí me cuentan.

CHICUREO RESERVA CARMENÈRE 2002
(Maule)
$ 2.690   87

Atlético más que musculoso. Un corredor de maratón con sus taninos punzantes, su austeridad, su energía. Especias, frutas negras, cero notas vegetales. Un muy buen ejemplo de carmenère maulino.

RESERVA ESPECIAL MALBEC 2001
(Maule)
$ 5.690   89

En la entrega de este año, este tinto debe ser uno de los más amables de Bouchon. El chocolate negro se siente en la nariz junto a notas especiadas mientras que la lengua tiene que levantar una buena cantidad de fruta, generosa, potente. Tengan en cuenta este vino.

RESERVA ESPECIAL CABERNET SAUVIGNON 1999
(Maule)
$ 5.690   89

1999 es una cosecha complicada. Muchos de los que he probado se sienten cansados, faltos de frescor. No es el caso de este cabernet maulino. Aquí hay vigor, taninos, fuerza, notas a clavos de olor y potencial de envejecimiento. Si les gustan los cabernet con estructura y pesados, este es el elegido. Yo, mientras tanto, me lo bebo con unas chuletas de cordero que acabo de comprar para la ocasión.

Blancos no recomendados
Chicureo Sauvignon Blanc 2003 (Maule)

Tintos no recomendados
Reserve Especial Carmenère 2002 (Maule)
Chicureo Reserva Cabernet Sauvignon 2003 (Maule)

2 BROTHERS

Dirección:	(Calama Wines), Pocuro 2901 Santiago.
E-mail:	lisa@calamawines.com
Teléfono:	(56-2) 269 23 63
Sitio:	www.2brotherswinery.com
Valles:	Colchagua

Este 2 Brothers es el proyecto de los hijos de Alfredo Bartholomeus, un chileno radicado en Estados Unidos que ha ganado prestigio como importador de vinos de diversas partes del mundo, entre ellas Chile (Cousiño Macul). Además, lo apoya logísticamente en Chile la firma Calama Wines, propiedad de la tejana Lisa Denham. La idea, según palabras de Alfredo, es lograr un vino rico en fruta, que represente el carácter de Colchagua. Esta última versión, sin embargo, va algo más allá.

Vinos catados:	1
Vinos no recomendados:	0
Vinos recomendados:	1

Tinto recomendado

BIG TATTOO RED 2002
(Colchagua)
$ 4.900
89

Tenso. Duro. Distante. Complejo. Llena la boca de taninos punzantes y nerviosos. Más que generosidad, este vino es austeridad, fuerza, potencia. La boca es pura energía dada por el cabernet. Impresiona su seriedad, pero también su calidad. Conociendo las anteriores versiones de este tinto, la del 2002 es un gran paso adelante.

CALITERRA

Dirección:	Av. Nueva Tajamar 481, Torre Sur, Of.503, Providencia, Santiago.
E-mail:	ewexman@errazuriz.cl
Teléfono:	(56-2) 203 66 88
Sitio:	www.caliterra.com
Valles:	Aconcagua, Casablanca, Maipo, Colchagua

En esta entrega de Caliterra el foco, sin ninguna duda, debiera estar en el cabernet. Es allí en donde esta bodega de Colchagua tiene sus mayores aciertos entregando pura fruta de ese valle, pero con el plus de no sólo abocarse al dulzor de los tintos colchaguinos, sino que también aportando estructura gracias a taninos firmes. Estoy pensando, básicamente, en el concentrado y recio Cabernet Sauvignon de la compleja cosecha 2002. La versión Reserva 2001 hay que esperarla. Y mientras esperan, los suaves y simples Reserva Merlot 2001 y el varietal carmenère están para acompañarlos.

Vinos catados:	9
Vinos no recomendados:	5
Vinos recomendados:	4

Tintos recomendados

RESERVA MERLOT 2001
(Colchagua)
$ 5.500   **82**

Con el dulzor y la amabilidad de los tintos de Colchagua, este simple y directo merlot juega bien sus cartas. Suave, maduro. Bébanlo levemente más frío, junto a un estofado de carne y verduras.

CARMENÈRE 2002
(Colchagua)
$ 3.000   84

Concentrado pero amable, maduro sin caer en abusos, este simple carmenère tiene la gracia de entregar fruta generosa sin un asomo de vegetal.

CABERNET SAUVIGNON 2002
(Valle Central) $
$ 3.000   88

Exuberante, con una generosa carga de fruta roja muy madura, pero con la acidez suficiente para evitar que se convierta en mermelada. Los taninos son finos, soportan el peso del vino sin problemas. Se me ocurre una pierna de cordero con harto romero. Iría bien.

RESERVA CABERNET SAUVIGNON 2001
(Colchagua)
$ 5.500   87

Mucha madera por el momento. Denle unos meses -de aquí a mediados de año- para que la fruta dulce que está detrás reaparezca y muestre sus notas a frambuesas en almíbar.

Blancos no recomendados
Chardonnay 2003 (Valle Central)
Reserva Chardonnay 2002 (Casablanca)

Rosé no recomendados
Rosé Syrah 2003 (Valle Central)

Tintos no recomendados
Merlot 2002 (Valle Central)
Malbec 2002 (Colchagua)

CANDELARIA

Dirección:	Ruta I50 km. 25, Cunaco, Colchagua.
E-mail:	info@candelariawines.com
Teléfono:	(56-2) 672 55 60
Sitio:	www.candelariawines.com
Valles:	Rapel, Maule, Maipo, Casablanca

Sentimientos encontrados con el debut de Candelaria. Por un lado hay vinos que realmente tienen que probar. Austeros en algunos casos, generosos y amables en otros, pero siempre con una calidad que resulta interesante en una viña que recién parte. Lamentablemente, con la cantidad de vinos que están produciendo, los contras son más que los pros. Yo me concentraría y seleccionaría mejor la fruta. Menos es más, ya se sabe.

Vinos catados:	15
Vinos no recomendados:	11
Vinos recomendados:	4

Tintos recomendados

DOÑA CANDELARIA MERLOT 2003
(Rapel)
$ 3.800   **86**

Esperen un segundo. Al comienzo este merlot es tímido, como nada. Luego se comienza a abrir y a mostrar su fruta licorosa y su cuerpo recio. Muy bueno.

DOÑA CANDELARIA MALBEC 2003
(Maipo)
$ 3.800

86

Al comienzo huele a flores rojas, luego vienen las cerezas confitadas en esta adorable nariz de malbec. La boca es generosa pero, lamentablemente, la persistencia es poca. Pero mientras dura, entretiene.

MURAL CABERNET SAUVIGNON 2003
(Maule)
$ 3.500

85

Más que especiado, este cabernet es dulce. Su fruta madura me recuerda el calor que uno busca en invierno. Su textura es suave. Pura amabilidad en un vino que quizás merecería descorcharse junto a una pierna de ganso.

DOÑA CANDELARIA CABERNET SAUVIGNON 2003
(Colchagua)
$ 3.800

87

Lo mejor de este cabernet sauvignon es su boca. Allí, la jugosidad austera, tirante, juega sobre la lengua atacando lentamente cada rincón del paladar. Es un buen vino para las empanadas de pino del domingo.

Blancos no recomendados

Doña Candelaria Chardonnay 2003 (Casablanca)
Doña Candelaria Reserve Chardonnay 2002 (Casablanca)
Mural Viognier Chardonnay Sauvignon Blanc 2003 (Casablanca)

Tintos no recomendados

Mural Merlot 2003 (Maule)
Doña Candelaria Reserve Merlot 2002 (Rapel)
Mural Carmenère 2003 (Maule)
Doña Candelaria Carmenère 2003 (Maule)
Mural Syrah 2003 (Valle Central)
Doña Candelaria Syrah 2003 (Rapel)
Doña Candelaria Reserve Cabernet Sauvignon 2002 (Colchagua)
Doña Candelaria Reserve Carmenère-Merlot-Cabernet Sauvignon 2002 (Rapel)

CANEPA

Dirección:	Camino Lo Sierra 1500, Cerrillos, Santiago.
E-mail:	josecanepa@canepa.cl
Teléfono:	(56-2) 557 91 21
Sitio:	www.canepa.cl
Valles:	Maipo, Rapel, Curicó, Colchagua

Con Canepa me pasa que, en términos generales, sus vinos son correctos, fáciles de entender, amigables. El año pasado me sorprendió el Magnificum 1999, un vino que ponía en claro las ambiciones de Canepa y del equipo que lidera Ernesto Jiusán. Sin este vino, la viña vuelve a sus tintos abordables y correctos. Pero me sigue faltando potencia y pasión. Tonteras de crítico de vinos, por cierto.

Vinos catados:	31
Vinos no recomendados:	20
Vinos recomendados:	11

Blancos recomendados

SAUVIGNON BLANC 2003
(Rapel)
$ 2.400 ⑤ 86

"Delicado" es la palabra que lo define. Bien equilibrado, casi elegante, simple, con notas a duraznos blancos y cítricos sobre un cuerpo ligero y suave. Muy agradable.

ENCINA FRANCESA CHARDONNAY 2002
$ 3.700 86

Bajo la súper madurez de la fruta de este chardonnay, leves notas minerales me entretienen.

Tiene densidad de fruta y es largo. Las notas a piñas y duraznos maduros quedan dando vueltas en la boca por un largo rato. Rico

---

PRIVATE RESERVE CHARDONNAY 2001
(Maipo)
$ 5.500   84

Sí, claro, en la nariz este vino es pura madera. Pero tras esas toneladas de barrica hay una fruta que merece revisarse. Es fresca, las notas lácticas abundan, las piñas también. Al final queda la sensación de que había jugo.

Tintos recomendados

NOVISSIMO MERLOT 2003
(Colchagua)
$ 1.900   83

Simple, con buena jugosidad, este merlot suave y amable tiene las condiciones perfectas para acompañar a un sandwich de lengua.

PRIVATE RESERVE CARMENÈRE 2001
(Colchagua)
$ 5.500   85

Por el momento la madera distorsiona la fruta, pero una buena
jugosidad detrás invita a pensar en
un mejor futuro. Suave, jugoso, rico
y tostado. Para los amantes de la
barrica.

PRIVATE RESERVE MALBEC 2001
(Colchagua)
$ 5.500   86

La madera manda, pero tras esos ataques tostados está la fruta del malbec en Chile. Cerezas negras, algo floral, inquietante, sobre un cuerpo medio suave que necesita de un tiempo para amalgamar esos taninos de madera que no tienen nada que hacer allí. Bueno.

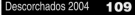

PRIVATE RESERVE SYRAH 2001
(Colchagua)
$ 5.500   85

Nuevamente la madera tiene un papel importante en este syrah. Pero esta vez la fruta es la que manda. Una fruta roja, viva, con especias dulces como la canela. Simple y agradable.

NOVISSIMO CABERNET SAUVIGNON 2003
(Colchagua)
$ 1.900   82

Más que una súper potente nariz, aquí hay cerezas maduras diseñando una boca jugosa, simple y suave. Para un queso de cabra maduro.

ENCINA FRANCESA CABERNET SAUVIGNON 2002

$ 3.700   83

Licoroso, pero a la vez suave y simple, la madurez de la fruta manda y ese es el mejor logro de este amable cabernet.

FINÍSIMO RESERVA ESPECIAL CABERNET SAUVIGNON 2000 (Maipo)
$ 5.400   85

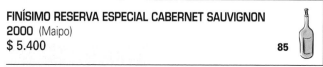

Las armas fundamentales de este tinto son la suavidad y el equilibrio. Sin descollar en fuerza, cumple su papel de cabernet de manera correcta, ofreciendo frutas maduras y jugosas.

OAK AGED CABERNET-CARMENÈRE-MERLOT 2002
(Colchagua)
$ 2.900 **($)**   86

Mayor ambición. La fruta se mueve con potencia
y gracia, los taninos pinchan suavemente como
agujas, mientras la jugosidad de las cerezas rojas
maduras apoya esa sensación. Aunque de poca
persistencia, mientras dura se disfruta.

Blancos no recomendados
Classico Sauvignon Blanc 2002 (Valle Central)
Novissimo Sauvignon Blanc 2003 (Colchagua)
Classico Chardonnay 2002 (Valle Central)
Novissimo Chardonnay 2003 (Colchagua)
Chardonnay 2003 (Colchagua)
Finísimo Chardonnay 2000 (Casablanca)
Winemaker´s Selection Viognier 2003 (Colchagua)
Winemaker´s Selection Gewürztraminer 2003 (Curicó)
Oak Aged Chardonnay-Viognier 2002 (Colchagua)

Rosé no recomendados
Rosé Cabernet Sauvignon Syrah 2003 (Colchagua)
White Zinfandel 2002 (Valle Central)

Tintos no recomendados
Classico Merlot 2002 (Valle Central)
Private Reserve Merlot 2000 (Colchagua)
Novissimo Encina Francesa Merlot 2002
Classico Carmenère 2002 (Valle Central)
Winemaker´s Selection Carmenère 2003 (Colchagua)
Winemaker´s Selection Zinfandel 2003 (Maipo)
Classico Cabernet Sauvignon 2002 (Valle Central)
Private Reserve Cabernet Sauvignon 2000 (Colchagua)
Oak Aged Cabernet Sauvignon-Syrah 2002 (Colchagua)

CARMEN

Dirección:	Av. Apoquindo 3660, piso 16, Las Condes, Santiago.
E-mail:	info@carmen.cl
Teléfono:	(56-2) 362 20 10
Sitio:	www.carmen.cl
Valles:	Casablanca, Rapel, Maipo.

De la mano de Pilar González los vinos de Carmen han tomado una dirección distinta de la que por años tuvieron con Álvaro Espinoza. La súper fuerza de aquellos años ha sido reemplazada por balance. Los cargados taninos de Álvaro se sienten hoy más suaves, más abordables; más femeninos, en cierto modo. Ambos vinos me gustan, aunque no puedo dejar de reconocer que la fruta de esta sólida muestra de tintos es espectacular, como en los años más iluminados de Espinoza. Los blancos han decaído, pero a quién le importa si tienen esa fruta madura, golosa, en los cabernet, merlot y carmenère. Bien por Pilar y bien por la continuidad de Carmen.

Vinos catados:	19
Vinos no recomendados:	10
Vinos recomendados:	9

Tintos recomendados

MERLOT 2002
(Maipo)
$ 1.500　　　　　　　　**83**

Suave, ligero y simple, en este merlot se sienten notas a cerezas rojas nadando sobre taninos amables como el chocolate.

RESERVA MERLOT 2001
(Rapel)
$ 5.200

87

Me gusta la densidad de este tinto. En la nariz es parco, especiado, con la madera presente. En la boca es sólido, firme, de un buen cuerpo, pero también con los taninos suaves del merlot. Vale la pena, sobre todo si tienen a mano una carne mechada.

INSIGNE CARMENÈRE 2001
(Rapel)
$ 2.700

83

Casi floral, este carmenère huele a rosas y a frambuesas frescas. La boca es ligera, simple, levemente dulce. Y suave. Para beberlo frío, junto a un filete de mero al horno.

INSIGNE CABERNET SAUVIGNON 2002
(Valle Central)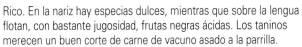
$ 2.700

86

Rico. En la nariz hay especias dulces, mientras que sobre la lengua flotan, con bastante jugosidad, frutas negras ácidas. Los taninos merecen un buen corte de carne de vacuno asado a la parrilla.

NATIVA CABERNET SAUVIGNON 2000
(Maipo)
$ 5.200

90

La nariz tiene bastante madera, es cierto, pero también aromas a frutas negras ácidas y a canela. Encantador. En la boca las cosas mejoran aún más. El paladar se llena de jugosidad concentrada, potente. Los taninos afirman este jugo fortachón, muy fortachón para ser del 2000. No se pueden perder este vino.

RESERVE CABERNET SAUVIGNON 2001
(Maipo)
$ 5.200

87

Otro cabernet para tener en cuenta. Menos intenso que Nativa, aquí hay más equilibrio que potencia. Y eso me gusta. Un poco más de fruta para la próxima.

RESERVE GRANDE VIDURE CABERNET SAUVIGNON 2001
(Maipo)
$ 5.200

91

Este vino es una delicia. La nariz es una pequeña explosión de aromas a frutas rojas en su mejor punto de madurez. Pero también hay pimienta y canela. La boca es otra cosa. Es exuberante, llena el paladar con su jugosidad, pero sin agredir con sus taninos de excelente y maduro carmenère. Esta pareja es fenomenal. Tienen que probar este vino, sí o sí.

RESERVE SYRAH CABERNET SAUVIGNON 2001
(Maipo)
$ 5.200

88

Súper especiado, la madera todavía manda bastante, sobre todo en la nariz. La boca de esta joven mezcla es suave y concentrada. El exotismo de las especias del syrah le da un toque mediterráneo muy agradable. Para comenzar, podrían ir por un curry de cordero. Yo tengo una muy buena receta.

WINE MAKER'S RESERVE 2000
(Maipo)
$ 14.000

91

Admirable tinto, sobre todo por el poder en la boca, por la fuerza sin violencia de sus taninos. Me parece más elegante que cargado, más equilibrado que poderoso. Las cerezas negras y las ciruelas maduras mandan. Pero hay más: canela, clavo de olor. En definitiva, un tinto muy bien logrado que debiera, además, mejorar con la guarda.

Blancos no recomendados
Aperitif Blanc Sauvignon Blanc 2001 (Valle Central)
Rhin 2003 (Valle Central)
Insigne Sauvignon Blanc 2002 (Valle Central)
Reserve Sauvignon Blanc 2002 (Casablanca)
Chardonnay 2003 (Casablanca)
Insigne Chardonnay 2003 (Valle Central)
Sémillon Late Harvest 2001 (Maipo)

Rosé no recomendados
Aperitif Rosé Cabernet Sauvignon 2002 (Valle Central)

Tintos no recomendados
Insigne Merlot 2002 (Valle Central)
Margaux Cabernet Sauvignon 2002 (Valle Central)

SANTA CAROLINA

Dirección:	Til Til 2228, Macul.
E-mail:	korsini@santacarolina.cl
Teléfono:	(56-2) 450 30 00
Sitio:	www.santacarolina.com
Valles:	Rapel, Maipo, Casablanca, Maule

A pesar de que son varios los vinos no recomendados de Santa Carolina, yo quedé con un buen gusto en la boca. Si se toman su tiempo e indagan en esta abultada línea de tintos y blancos, seguro que van a encontrarse con más de una sorpresa. Santa Carolina es confiable e históricamente ha producido vinos amables, no descollantes, pero respetuosos de la fruta.

Vinos catados:	22
Vinos no recomendados:	12
Vinos recomendados:	10

Blancos recomendados

ANTARES SAUVIGNON BLANC 2003
(Valle Central)
$ 1.400   **83**

Los aromas vegetales mandan en la nariz. En la boca hay peso por el alcohol, pero también por la fruta. Un maduro y bien diseñado sauvignon. Para espárragos, por ejemplo.

BARRICA SELECTION CHARDONNAY 2002 (Casablanca)
$ 3.800   **86**

Nervioso, vibrante, aquí la fruta tiene protagonismo. Piñas híper frescas, peso en la boca, una acidez que casi cruje sobre la lengua y un final levemente amargo que a mí me encanta, porque le da personalidad. Ojo con este chardonnay.

Tintos recomendados

ANTARES MERLOT 2002
(Valle Central)
$ 1.400   84

Cálido. La fruta es dulce, tiene buena densidad y la textura es suave,
cariñosa con el paladar. Simple y rico.

ESTRELLA DE ORO RESERVA MERLOT 2001
(Colchagua)
$ 2.700   85

También con harto alcohol. La fruta dulce se mueve con cierta pesadez,
pero es un vino ideal para golosos. Me gusta la textura. Envuelve la
boca. La abraza.

CARMENÈRE 2002
(Rapel)
$ 1.900   85

Saturado en madurez, los aromas me recuerdan a mermelada de guindas. Dulce, cálido, nuevamente la textura es una delicia de suavidad y
de cuerpo. Este vino pesa, es cierto, pero sus taninos son tan suaves
que acarician. Busquen una comida potente. Pierna de cordero al palo,
por ejemplo.

BARRICA SELECTION CARMENÈRE 2002
(Rapel)
$ 3.800   87

Menos ambicioso que el anterior carmenère. Sin embargo, ambos
tienen en común su grado de alcohol, aunque en este caso la fruta es
mucho más viva, más fresca, más nerviosa. Es, a fin de cuentas, un
vino más logrado. Buena estructura, firme.

BARRICA SELECTION SYRAH 2002
(Maule)
$ 3.800   87

Otro buen vino. Tiene harta madera, pero eso pasará luego, porque hay
fruta detrás para soportarla. Especias, mucha canela y moras, en un
vino que habla derechamente del syrah.

ESTRELLA DE ORO RESERVA CABERNET SAUVIGNON 2002
(Colchagua)
$ 2.700   84

Dulce, suave, amable. Nada especial. Sírvanlo frío, necesita ese frescor.

BARRICA SELECTION CABERNET SAUVIGNON 2001
(Maipo)
$ 3.800   87

La fruta del Maipo, las especias, las cerezas negras se muestran con
claridad en un cabernet de buena estructura, fibroso, con una acidez
que provoca equilibrio.

RESERVA DE FAMILIA CABERNET SAUVIGNON 2001
(Maipo)
$ 9.000   86

Licoroso. La madurez llevada lejos diseña en este vino aromas a
cerezas negras confitadas. La textura, básicamente gracias al alcohol,
se siente suave y melosa. Es un buen vino que necesita de una comida
potente para hacerle el peso.

Blancos no recomendados

Tres Estrellas Sauvignon Blanc 2003 (Valle Central)
Tres Estrellas Chardonnay 2003 (Valle Central)
Antares Chardonnay 2003 (Valle Central)
Chardonnay 2003 (Rapel)
Estrella de Oro Reserva Chardonnay 2002 (Rapel)
Reserva de Familia Chardonnay 2002 (Maipo)

Tintos no recomendados

Barrica Selection Pinot Noir 2002 (Rapel)
Tres Estrellas Merlot 2002 (Valle Central)
Syrah 2002 (Valle Central)
Tres Estrellas Cabernet Sauvignon 2002 (Valle Central)
Antares Cabernet Sauvignon 2002 (Valle Central)
Cabernet Sauvignon 2001 (Rapel)

CARTA VIEJA

Dirección:	Av. Francisco Antonio Encina 231, Villa Alegre.
E-Mail:	v.florit@cartavieja.cl
Teléfono:	(56-73) 560 500
Sitio:	www.cartavieja.com
Valles:	Casablanca, Lontué, Maule

No tengo mucho que decir sobre esta nueva entrega de Carta Vieja. Vinos simples, sin pretensiones. Muchos olvidables y un par que se beben sin problemas.

Vinos catados:	10
Vinos no recomendados:	8
Vinos recomendados:	2

Tintos recomendados

SELECCIÓN SYRAH 2002
(Lontué)
$ 3.600   82

Simple y abordable, este suave syrah entrega aromas a cerezas confitadas. Traten con unas chuletas de cerdo.

CABERNET SAUVIGNON 2001
(Maule)
$ 1.590   84

Tras todos esos kilos de madera hay fruta. En serio. Tienen que esperar un poco por la evolución. Vean qué sucede dentro de dos años.

Blancos no recomendados
Sauvignon Blanc 2003 (Maule)
Chardonnay 2003 (Maule)
Reserve Chardonnay 2002 (Casablanca)
Selección Late Harvest 2001 (Maule)

Tintos no recomendados
Selección Pinot Noir 2002 (Casablanca)
Merlot 2003 (Maule)
Selección Malbec 2002 (Lontué)
Cabernet Sauvignon 2003 (Maule)

CASABLANCA

Dirección:	Rodrigo Araya 1431, Macul, Santiago.
E-mail:	korsini@santacarolina.cl
Teléfono:	(56-2) 450 30 00
Sitio:	En construcción
Valles:	Casablanca, Maipo

Sólida la entrega de Casablanca. Se nota un profundo respeto por la fruta, sobre todo en sus tintos. A veces pecan de vegetales, pero esas notas a pimentón verde siempre juegan en un segundo plano, dándole un toque agradable a la nariz y a la boca. La fruta jugosa es la tónica. Joseba Altuna, el enólogo español tras Casablanca, ha realizado un muy buen trabajo y merece la atención de ustedes. Neblus, por ejemplo, es un resumen de ese esfuerzo frutal.

Vinos catados:	17
Vinos no recomendados:	5
Vinos recomendados:	11

Blancos recomendados

SAUVIGNON BLANC 2003
(Casablanca)
$ 2.900 $ 84

La nariz es algo parca y los aromas que ofrece son maduros, levemente chatos. Sin embargo, en la boca despierta con una rica acidez y con una concentración más que aceptable. Menos alcohol para la próxima, por favor. Vayan por un cebiche de camarones, urgente.

SANTA ISABEL ESTATE SAUVIGNON BLANC 2003
(Casablanca)
$ 5.100   87

La nariz tiene una agradable expresión, herbácea, madura, fresca. Sin embargo, en la boca está la mejor parte. Allí hay estructura, también alcohol, pero sobre todo, jugo. Rico jugo fresco, primaveral.

CHENIN BLANC 2003
(Casablanca)
$ 2.900   83

Como rareza en la escena chilena, bien. Los mejores chenin que yo he probado vienen del Loire, al norte de Francia. Y los hace el gurú Nicolas Joly, en Savennieres, un encantador pueblo que además es una apelación de vinos. Y hablando de vinos y de chenin, este ejemplo me gusta por su frescor, por sus notas alimonadas, por su acidez fresca (que alivia el alcohol) y, claro, por la locura de plantar y vender chenin chileno.

SANTA ISABEL ESTATE GEWÜRZTRAMINER 2003
(Casablanca)
$ 5.100   85

Rosas, lichis, duraznos maduros. Este gewürz es una delicia de aromas profundos e intensos. En la boca le sobra alcohol, pero seguro que con un chucrut preparado a la alsaciana todo irá de maravillas.

Tintos recomendados

SANTA ISABEL ESTATE MERLOT 2002
(Casablanca)
$ 7.000   85

Lo que más me gusta de este primaveral merlot es el frescor de las notas a cerezas. Ideal para un trozo de atún toro a la parrilla. Y no tomen muy en cuenta esas notas a pimentón verde que hacen ruido, pues no logran opacar la nariz y la boca.

EL BOSQUE CARMENÈRE 2002
(Rapel)
$ 5.200   87

Tengan paciencia con este vino. En un comienzo es parco, sin gracia y, al parecer, sin fruta. Luego de un rato, la copa gana con la oxigenación y el vino se comienza a llenar de frambuesas y cerezas en almíbar. Cambia del cielo a la tierra.

EL BOSQUE SYRAH 2002
(Maipo)
$ 5.200   86

Licoroso, cherries en almíbar y una textura adorable que hace cariño en la lengua. Razones suficientes como para que compren este syrah. Pura fruta madura e invernal.

CABERNET SAUVIGNON 2002
(Maipo)
$ 2.900   86

Otro vino fresco y frutal. En la boca es suave pero jugoso, con la tensión de la fruta manteniéndose desde el comienzo hasta el final, sin decaer un solo instante. Bueno y redondo, ideal para un roast beef.

EL BOSQUE CABERNET SAUVIGNON 2002
(Maipo)
$ 5.200   89

Licoroso, con una fruta elegante, pero a la vez llena de vigor y fuerza, este cabernet refleja todo el frescor de la cepa y también su estructura y poder. Sientan la jugosidad flotando sobre la lengua. Compañero ideal de un sandwich de pastrami.

SANTA ISABEL ESTATE CABERNET SAUVIGNON 2002
(Casablanca)
$ 7.000   89

Nuevamente Casablanca haciendo de las suyas con este refrescante cabernet, lleno de notas a frutas rojas sobre un fondo especiado muy rico. La textura suave, pero voluptuosa, es uno de sus puntos más logrados.

NEBLUS 2002
(Casablanca)
$ 18.000   90

En general, esta entrega tinta de Casablanca necesita oxigenación para ser captada de mejor manera. Y este es el ejemplo más claro. En un comienzo cerradísimo, al rato ya es un jugoso y fresco tinto con capas de sabores y aromas que le dan complejidad. La textura es soberbia, suave, envuelve la lengua, la acaricia.

Blancos no recomendados
Chardonnay 2003 (Casablanca)
Santa Isabel Estate Chardonnay 2003 (Casablanca)
Santa Isabel Estate Barrel Fermented Chardonnay 2002 (Casablanca)

Tintos no recomendados
Pinot Noir 2003 (Rapel)
Merlot 2002 (Maipo)

CHOCALÁN

Dirección:	Dagoberto Godoy 145, Cerrillos, Santiago.
E-mail:	a.toro@chocalanwines.com
Teléfono:	(56-2) 683 62 22
Sitio:	www.chocalanwines.com
Valles:	Maipo

Pongan atención a este debut en el Descorchados. La familia Toro, propietaria de Cristalerías Toro, comienza a plantar en 1999 un campo de ochenta hectáreas a 65 kilómetros de Santiago, cerca de Melipilla. Como resulta obvio, en un clima cálido como esa zona del Maipo optan por variedades tintas y, tras tres años de edad de las parras, aparecen con una línea de vinos reserva que apela a las frutas negras y a la generosidad frutal. Aún falta mucho, pero el potencial de esas infantas promete. Y mucho.

Vinos catados:	5
Vinos no recomendados:	0
Vinos recomendados:	5

Tintos recomendados

RESERVE MERLOT 2002
(Maipo)
$ 5.000   **87**

Jugoso y generoso, la fruta de este merlot se mueve con gracia sobre la boca a pesar de su súper madurez. Los taninos son suaves, rellenitos, y la acidez ayuda a refrescar a este agradable tinto.

RESERVE CARMENÈRE 2002
(Maipo)
$ 5.000   84

La fruta negra de este carmenère no da paso a nada vegetal, lo que se agradece. Como también se agradece su sedosidad, aunque hacia el final del paladar decae, desaparece. Busquen unas berenjenas gratinadas para este simple tinto.

RESERVE SYRAH 2002
(Maipo)
$ 5.000   86

También negro en su fruta, la gracia de este syrah es que se mantiene con consistencia y poder a lo largo del paladar. Los taninos afirman la fruta y al final quedan dando vueltas especias dulces que invitan a otra copa. Bueno.

RESERVE CABERNET SAUVIGNON 2002
(Maipo)
$ 5.000   88

Por el momento, las notas a fruta negra sumamente madura mandan en la nariz. Eso me mueve a cansancio. Sin embargo, la boca es pura concentración, como si este cabernet reviviera. Muy interesante. *Saltimbocca, per piacere*.

RESERVE CABERNET SAUVIGNON - SYRAH 2002
(Maipo)
$ 5.000   86

Me gusta la textura de esta mezcla. Los taninos se mueven suavemente por el paladar, sin violencias y apoyando una fruta roja madura y una firme acidez. Cuerpo medio, para un roast beef.

CONCHA Y TORO

Dirección:	Av. Nueva Tajamar 481, Torre Norte piso 15, Las Condes, Santiago.
E-mail:	webmaster@conchaytoro.cl
Teléfono:	(56-2) 476 50 00
Sitio:	www.conchaytoro.cl
Valles:	Maipo, Casablanca, Rapel, Bio-Bio

Resultan normales las largas entregas de Concha y Toro, donde se pueden encontrar vinos para todos los gustos. El mío aquí está claro. El cabernet sauvignon de esta casa es siempre su mejor caballo de batalla aunque, por cierto, Ignacio Recabarren se las arregla para forzar su talento en cepas como el carmenère o el sauvignon blanc de sus Terrunyo. Marcelo Papa, por su parte consolida su trabajo con Marqués, presentando ese estupendo Cabernet Sauvignon 2001, lo mejor que ha hecho en su intensa vida como enólogo. Marcelo es un profesional al que es necesario seguirle los pasos. ¿Resumen? Concha y Toro es una de las bodegas más sólidas del país y, respondiendo a esa responsabilidad, este año entrega en el Descorchados vinos de gran categoría.

Vinos catados:	36
Vinos no recomendados:	16
Vinos recomendados:	20

Blancos recomendados

CASILLERO DEL DIABLO SAUVIGNON BLANC 2003 (Valle Central)
$ 3.200   **84**

Fresco, herbáceo y con frutas blancas ácidas mandando en la nariz y en el paladar, este ligero y simple sauvignon blanc se aviene perfecto con un queso de cabra fresco a la hora del aperitivo.

TRIO SAUVIGNON BLANC 2003
(Casablanca)
$ 4.200   86

Austero, firme, casi eléctrico en su acidez, este es un Trío mucho más
enfocado en la mineralidad que en la fruta. En la boca es como mascar
una piedra. La acidez ataca los bordes de la lengua casi con rabia. Un
vino intenso, en el amplio sentido del término.

TERRUNYO SAUVIGNON BLANC 2003
(Casablanca)
$ 8.900   91

Maduro, las notas a duraznos y manzanas verdes salen expulsadas
de la nariz con mucha intensidad. Hay potencia en descontrol y una
mineralidad inquietante tras la fruta. La boca tiene una acidez
maravillosa que construye el frescor de este sauvignon concentrado,
muy bien balanceado. Nada parece sobrar y la frutosidad brilla sobre
la lengua, haciendo que la boca salive mientras el vino no entra en el
paladar, más bien expandiéndola, como si ocupara territorio. Excelente.

WINEMAKER´S LOT 25 CHARDONNAY
(Casablanca)
$ 5.040   86

En un comienzo la nariz está algo tostada, pero luego aparecen las
notas a piñas y manzanas rojas, dándole una agradable complejidad.
La boca es tensa, marcada por una acidez punzante, con frutas más
frescas de lo que yo esperaba después de esa nariz. Es algo corto,
pero esa sensación de frescor es suficiente para convertirlo en un vino
amable y entendible.

TERRUNYO CHARDONNAY 2002
(Casablanca)
$ 8.900   86

Maduro, el juego de la madera y la fruta en la nariz está muy bien
logrado, dejando paso a que se expresen las notas a manzanas rojas y
membrillos. La boca es simple, directa y frutal. El cuerpo medio a ligero
es sostenido por una acidez amable. Vayan por unos calamares al ajillo
y vean lo que pasa.

AMELIA CHARDONNAY 2002
(Casablanca)
$ 17.000   87

El estilo de Amelia se ha consolidado enfocándose en la fruta madura y levemente tropical de los buenos chardonnay de Casablanca. Sientan esas notas a aceitunas verdes dando vueltas en la boca, sobre un cuerpo fresco y vital.

TRÍO VIOGNIER 2003
(Colchagua)
$ 4.200   84

Las notas a chirimoyas y flores hacen adorable la nariz de este viognier. La boca tiene una textura amable, con una acidez baja que acentúa el carácter dulce de este rico blanco.

TERRUNYO VIOGNIER 2003
(Casablanca)
$ 8.900   87

Maduro, casi especiado, las flores de este viognier se juntan con las notas a duraznos blancos, creando otra muy buena nariz. La boca es cremosa, con una buena jugosidad, aunque aún en desorden. La acidez necesita integrarse, entrar en armonía con el gusto varietal. Si se topan con este vino durante las vacaciones, denle un par de meses en la botella y podrán disfrutar de esta excelente aproximación a una cepa que cada vez se pone más de moda en este país.

TRIO GEWÜRZTRAMINER 2003
(Casablanca)
$ 4.200   85

Fresco, ligero, simple, con sus notas leves a flores y su boca de acidez cítrica, este gewürztraminer es un ejemplo de la cepa que, afortunada e inusualmente, no cansa. Para aperitivo, genial.

Tintos recomendados

TRÍO PINOT NOIR 2002
(Casablanca)
$ 4.200   84

Notas a rosas y frambuesas y una boca ligera y etérea. Este pinot es ideal para un trozo de mero al horno con verduras grilladas.

TRÍO MERLOT 2002
(Rapel)
$ 4.200   87

Suave, redondo, casi goloso, este merlot tiene madurez, pero también el frescor necesario para acompañar unos filetes de atún especiados con jengibre.

MARQUÉS DE CASA CONCHA MERLOT 2001
(Peumo)
$ 6.900   87

La nariz necesita de aire para borrar las notas tostadas y ofrecer esa fruta especiada, a cerezas negras que, apoyadas por una muy bien lograda acidez, le dan una rica vitalidad a este elegante merlot.

TERRUNYO CARMENÈRE 2001
(Cachapoal)
$ 11.900   92

Pura jugosidad en este muy logrado carmenère. Nada extraño por lo demás. Históricamente Terrunyo ha liderado dentro de esta cepa en el Descorchados. Y esta versión 2001, con su frescor, pero también con su profundidad de fruta, es quizás la más lograda. Echen un vistazo a las notas a canela y clavo de olor en la nariz y, luego, sientan esa textura redonda, sin nada de violencia, fusionando cerezas en almíbar con ciruelas negras y cassis. El final es largo. Queda dando vueltas en la lengua. Ojo con este vino. Denle tiempo, oxigenen la copa, disfrútenlo ahora o bien déjenlo descansar un año. O dos. Hay vino para rato.

CASILLERO DEL DIABLO SYRAH 2002
(Rapel)
$ 3.200   87

Este syrah es un jugo de moras maduras especiado con algo de canela. La boca es golosa, taninos suaves y, por cierto, un dulzor de fruta que les va a gustar, sobre todo porque no cansa, gracias a una muy bien puesta acidez. Ideal para un solomillo de jabalí con algo de romero.

WINEMAKER´S LOT 130 SYRAH
(Maipo)
$ 5.040   88

Mientras la versión Casillero es pura fruta madura y golosa, éste es más especiado, más elegante; aunque no por eso austero. La fruta se mantiene consistente desde el comienzo hasta el final del paladar. Jugoso, suave, pesa sobre la lengua, pero la lengua puede con ese peso por un buen rato. No les va a cansar, sobre todo con una pierna de cordero al disco.

CASILLERO DEL DIABLO CABERNET SAUVIGNON 2002
(Valle Central)
$ 3.200   87

Este es el Casillero más logrado de esta línea. Intenso, pero a la vez jugoso y amable, sin traicionar las características de la cepa, su textura acaricia el paladar y su amabilidad conmueve.

TRIO CABERNET SAUVIGNON 2002
(Maipo)
$ 4.200   88

Tiene las especias y la elegancia de los cabernet del Maipo, pero con la generosidad frutal de la línea Trío y esa madurez que los hace suaves y abordables. Ubre a la parrilla.

MARQUÉS DE CASA CONCHA CABERNET SAUVIGNON 2001
(Puente Alto)
$ 6.900   91

Este es un vinazo. En la nariz especias y cherries negros acompañados de ciruelas y notas a tostado. La boca es sensacional. La jugosidad se siente como peso específico en la boca, apoyada por el frescor de la acidez y por los taninos que sostienen a esta fruta sin nunca interrumpir su expresión. La boca se mantiene alerta todo el tiempo, nadando entre kilos y kilos de cerezas. Gran Marqués.

TERRUNYO CABERNET SAUVIGNON 2001
(Pirque)
$ 11.900   91

Echen un vistazo a la dulzura de este cabernet. Las notas a clavo de olor y canela se confunden en la nariz con aromas a guindas maduras. En boca lo mejor es su textura firme, atlética, sin la generosidad del Marqués cabernet, pero con mayor elegancia. Los taninos, apoyando esa fruta, se sienten punzantes y anulan cualquier exceso de dulzor. Un muy buen Terrunyo.

DON MELCHOR 2000
(Puente Alto)
$ 31.000   88

Hay que decantar este vino. Sólo así las notas especiadas, duras y mentoladas de la nariz se convierten en frutas dulces. La boca tiene la ligereza de los vinos de 2000. Sin embargo, la profundidad de la fruta marca el punto más alto de este nuevo Melchor. La fruta es como una lanza que atraviesa todo el paladar hasta el final, dejando una sensación dulce y cálida. Menos complejo que en años claves como 1997 y, sin duda, menos cargado que en 1999, esta versión del decano de los vinos premium chilenos me deja con gusto a poco, tengo que reconocerlo. Sin embargo, veamos cómo evoluciona. Con estos súper tintos del Alto Maipo uno nunca sabe.

Blancos no recomendados

Sunrise Sauvignon Blanc 2003 (Valle Central)
Trío Riesling 2003 (Bío-Bío)
Sunrise Chardonnay 2003 (Valle Central)
Casillero del Diablo Chardonnay 2003 (Casablanca)
Trío Chardonnay 2003 (Casablanca)
Marqués de Casa Concha Chardonnay 2002 (Pirque)
Casillero del Diablo Viognier 2003 (Casablanca)

Tintos no recomendados

Sunrise Pinot Noir 2003 (Valle Central)
Casillero del Diablo Pinot Noir 2002 (Casablanca)
Sunrise Merlot 2003 (Valle Central)
Casillero del Diablo Merlot 2002 (Valle Central)
Sunrise Carmenère 2003 (Valle Central)
Casillero del Diablo Carmenère 2002 (Rapel)
Casillero del Diablo Malbec 2002 (Rapel)
Sunrise Shiraz 2003 (Valle Central)
Sunrise Cabernet Sauvignon 2003 (Valle Central)

CONO SUR

Dirección:	Nueva Tajamar 481Torre Sur, Of. 1602.
	Las Condes, Santiago.
E-mail:	query@conosur.com
Teléfono:	(56-2) 476 50 90
Sitio:	www.conosur.com
Valles:	Maipo, Rapel, Casablanca, Bio-Bio

Una de las más consistentes entregas de este año corresponde a Cono Sur. Aunque debo reconocer que a veces siento en sus vinos un exceso de madurez que le resta frescor a la fruta, no puedo negar que sus mejores ejemplos son muy buenos. Me encanta lo que esta bodega hace con el riesling, pero también la forma como Adolfo Hurtado, el enólogo de Cono Sur, trata al carme-nère-merlot en el 20 Barrels Merlot 2002, una de las mejores versiones, si no la mejor. Y, por cierto, también es digna de destacar la porfía de esta viña por encontrar las claves de un buen pinot noir chileno. Hay pasión. Y Ocio, claro.

Vinos catados:	16
Vinos no recomendados:	8
Vinos recomendados:	8

Blancos recomendados

VISIÓN RIESLING 2002
(Bío Bío)
$ 8.000   **87**

Entre mineral y cítrico, este riesling se las trae. Echen un vistazo a esa acidez que parece jugo de limón crujiendo sobre los bordes de la lengua, como brisa marina en primavera. Fondo de duraznos blancos completa la película de este buen riesling, el mejor que hay en Chile, lejos.

ISLA NEGRA CHARDONNAY 2003
(Casablanca)
$ 3.200

86

En la nariz mandan los duraznos blancos, mientras que la boca tiene mucho frescor, básicamente porque la acidez crea el ambiente propicio para que la fruta se refresque. Bueno y amable.

VISIÓN CHARDONNAY 2002
(Casablanca)
$ 8.000

86

No se impacienten. Aunque por el momento la madera tiene mucho protagonismo en la nariz, tras ella hay una fruta generosa. Duraznos y piñas, algo de pimienta blanca y, nuevamente, una excelente acidez. Bien.

20 BARRELS CHARDONNAY 2002
(Casablanca)
$ 12.000

88

Membrillos levemente ácidos, en compota. Eso es la nariz de este bien logrado chardonnay. La boca mantiene la acidez fresca de todos los chardonnay de Cono Sur, pero además tiene un excelente balance. La madera ya se va en retirada.

VISIÓN GEWÜRZTRAMINER 2002
(Casablanca)
$ 8.000

86

Más que pachulí barato -el mal de muchos gewürztraminer chilenos-, esta muestra tiene aromas suaves a rosas y minerales, con una boca ligera y no masacotuda y alcohólica, el otro gran mal con esta cepa en Chile. Buen ejemplo. Sencillo y directo en su carácter varietal.

Tintos recomendados

VISIÓN PINOT NOIR 2002
(Rapel)
$ 8.000

85

La madurez es extrema, pero hay concentración para aguantar los embates de los taninos. La acidez necesita elevarse más para lograr frescor. Pero en términos generales está bien. Sírvanlo frío, porque es algo alcohólico.

20 BARRELS PINOT NOIR 2002
(Casablanca)
$ 12.000

88

En la nariz hay flores rojas, frambuesas. Pero la carga viene en la boca: jugo de frambuesas puro y directo con taninos firmes, pero nada de agresivos. Hay una fruta excelente que se mueve con generosidad sobre la lengua, pesada pero ágil, con acidez suficiente como para atenuar el dulzor de su madurez.

OCIO PINOT NOIR 2000
(Casablanca)
$ 26.900

90

La gran diferencia entre el 20 Barrels y este Ocio está en la madurez de la fruta y, especialmente, en la textura que uvas de Pinot Noir con más grado logran en este generoso, alcohólico y hasta excesivo tinto. Que yo sepa no hay nada en la Borgoña que se le parezca. Más austeros, con más especias y elegancia, no alcanzan esta voluptuosidad ni tampoco este grado de alcohol, que puede ser un factor importante en el futuro. Es un muy buen pinot y mi puntaje lo refleja. Pero también siento que me falta vivacidad frutal, en vez de frambuesas confitadas cerezas frescas, recién cortadas del árbol.

ISLA NEGRA MERLOT 2002
(Rapel)
$ 3.200

87

Servido a unos grados menos de lo habitual en tintos, este cálido merlot puede dar mucho más de sí mismo. Hay buena jugosidad, energía que necesita de ayuda. Menos temperatura y unas truchas a las brasas.

RESERVE MERLOT 2002
(Colchagua)
$ 5.000

87

Algo severo aún, lo que le falta en amabilidad le sobra en estructura. Es un recio tinto, ideal para acompañar un filete a la pimienta.

20 BARRELS MERLOT 2002
(Colchagua)
$ 12.000

91

La generosidad en la fruta es una delicia. Echen un vistazo a la fuerza con la que ataca al comienzo del paladar y, luego, cómo se va sosteniendo sobre la lengua, como un macizo bloque de jugo concentrado y vivo. Este vino es vivo y eso no siempre pasa en Colchagua.

VISIÓN CARMENÈRE 2002
(Rapel)
$ 8.000

86

La sedosidad y la fruta de este carmenère hablan de madurez y de jugosidad. Es suave, sí, pero también tiene su cuerpo, que se nota especialmente hacia el final del paladar. Bueno.

ISLA NEGRA SYRAH 2002
(Rapel)
$ 3.200

84

Buena fruta, suave, amable. La boca es algo astringente, pero la fuerza en fruta acompaña y se logra el equilibrio, sobre todo de mitad del paladar hacia el final. Unas prietas estarían bien.

CABERNET SAUVIGNON 2002
(Colchagua)
$ 2.000   84

Levemente cálido, la simpleza de este cabernet conmueve. Hay especias, pero sobre todo frambuesas en almíbar, sobre unos taninos que se muestran pero que no agreden. Lo mejor es la larga persistencia, un recuerdo dulce que queda dando vueltas por harto rato. Bien.

RESERVE CABERNET SAUVIGNON 2002
(Maipo)
$ 5.000   86

Aunque la madera me hace ruido, sobre todo en la boca, con sus taninos rudos y sus notas a especias, tras ella hay una buena fruta del Maipo; cerezas negras y un buen volumen que, a los amantes de los tintos con cuerpo, les va a agradar.

20 BARRELS CABERNET SAUVIGNON 2001
(Maipo)
$ 12.000   89

Siguiendo la misma lógica de los cabernet de Cono Sur, este 20 Barrels tiene ese dulzor en fruta que parece darle un plus de amabilidad a toda la línea. La estructura es firme y el dulzor no impide que los taninos se muestren punzantes, nerviosos, apoyando una acidez que necesita de ayuda para refrescar. Concentrado y profundo, este es un muy buen cabernet.

Blancos no recomendados
Chardonnay 2003 (Colchagua)
Reserve Chardonnay 2002 (Casablanca)
Visión Viognier 2002 (Casablanca)

Tintos no recomendados
Pinot Noir 2002 (Colchagua)
Reserve Pinot Noir 2002 (Casablanca)
Merlot 2002 (Colchagua)
Syrah 2002 (Rapel)
Isla Negra Cabernet Sauvignon 2002 (Rapel)

COUSIÑO MACUL

Dirección:	Av. Quillín 7100, Peñalolén, Santiago.
E-mail:	gcomercial@cousinomacul.cl
Teléfono:	(56-2) 351 41 00
Sitio:	www.cousinomacul.cl
Valles:	Maipo

La viña Cousiño deja sus centenarios campos de Macul -allí donde se inició la historia vitícola de Chile- y parten a Buin, a un nuevo viñedo desde donde ya están obteniendo prácticamente todas las uvas que necesita para sus vinos. Y yo, en tanto, me quedo con un poco de incertidumbre. Justo cuando me estaba acostumbrando a la idea de que ese carácter a cueros y especias era propio del terroir de Macul (enmascarado a veces, es cierto, por problemas en la bodega), aparecen estos nuevos vinos que apelan a la fruta antes que nada. En fin, nuevos tiempos. Ustedes decidan. Aquí tienen mis puntajes y comentarios como referencia.

Vinos Catados:	10
Vinos no recomendados:	4
Vinos Recomendados:	6

Blancos recomendados

DOÑA ISIDORA RIESLING 2003
(Maipo)
$ 2.200   83

Puro, simple, cristalino. En la nariz hay notas a duraznos blancos y a limones maduros, mientras que en la boca su cuerpo ligero tiene una acidez que alcanza a otorgar equilibrio. Un vino simpático, para servirse frío junto a unas machas a la parmesana.

ANTIGUAS RESERVAS CHARDONNAY 2002
(Maipo)
$ 4.500   84

La fruta madura de este chardonnay me
recuerda a las piñas en conserva, una nota
clásica de esta cepa en el Maipo. La madera
está bien ensamblada y el cuerpo medio
tiene toques de frescor. Un chardonnay
simple, alejado del Antiguas confitado de
antes. Privilegiando la fruta, este blanco
resulta más simple pero también más
abordable.

Tintos Recomendados

MERLOT RESERVA 2002
(Maipo)
$ 4.500   85

Recio, este merlot tiene taninos para regalar.
En aromas es algo austero, aún no del todo
frutal, pero especiado. La boca es tensa,
dura y la astringencia necesita de tiempo
para calmarse o, mejor, para acompañar a un
buen asado de tira.

DON MATÍAS CABERNET SAUVIGNON 2002
(Maipo)
$ 3.100   83

Dulce, afrutado, ligero y simple, este cabernet tiene toda la frugalidad
de una compota de frambuesas bien maduras. Un trozo de queso Brie
le iría muy bien.

ANTIGUAS RESERVAS CABERNET SAUVIGNON 2001
(Maipo)
$ 6.200

86

En 2001 Antiguas Reservas Cabernet Sauvignon viene por primera vez en un cien por cien de los nuevos campos de Cousiño en Buin. Y el cambio se nota, sobre toda en la vivacidad de la fruta y en la forma en que las frutas rojas maduras se lanzan sobre la nariz, mientras que en la boca resulta delicado, suave, casi femenino. Un muy buen Antiguas.

FINIS TERRAE 2001
(Maipo)
$ 15.000

88

Es entretenido ver la mezcla entre esas notas a cuero clásicas de Cousiño y la fruta roja vibrante que ofrece este Finis. La textura sobre la lengua es recia, me recuerda al Merlot Reserva, pero a la vez está esa suavidad del cabernet sauvignon Antiguas moldeando la boca de este muy buen tinto, el mejor Finis Terrae que recuerdo.

Blancos no recomendados
Sauvignon Gris 2003 (Maipo)
Don Luis Chardonnay 2003 (Maipo)

Tintos no Recomendados
Don Luis Merlot 2002 (Maipo)
Don Luis Cabernet Sauvignon 2002 (Maipo)

CREMASCHI FURLOTTI

Dirección:	Estado 359, piso 4, Santiago.
E-mail:	fjmorande@cremaschifurlotti.cl
Teléfono:	(56-2) 633 07 76
Sitio:	www.cremaschifurlotti.cl
Valle:	Maule

Cremaschi nunca ha destellado en el Descorchados. Falta afinar detalles en el viñedo y en la bodega. Sin embargo, siempre hay una luz. Vénere es un buen vino, amable y bien equilibrado. Pero yo me quedo con el potencial de su Reserve Cabernet 2002. Luego de esperar por un rato su oxigenación, la fruta generosa del Maule comenzó a aparecer como un signo de potencial futuro. No sé cuándo, eso sí.

Vinos catados:	6
Vinos no recomendados:	4
Vinos recomendados:	2

Tintos recomendados

RESERVE CABERNET SAUVIGNON 2002
(Maule)
$ 4.950   **86**

Ojo con este vino. No cometan el error de juzgarlo de manera apresurada. En un comienzo parece áspero y sin fruta, pero luego, a los pocos minutos, la fruta comienza a ocupar terreno y los taninos ya no tienen la intensidad ni la agresividad del principio. Buen vino.

VÉNERE MEZCLA TINTA 2000
(Maule)
$ 10.500   85

El balance es su mejor punto. Aunque no tiene gran concentración, los taninos son suaves y amables. Abordable y maduro.

Blancos no recomendados
Sauvignon Blanc 2003 (Maule)
Chardonnay 2003 (Maule)

Tintos no recomendados
Reserve Pinot Noir 2001 (Maule)
Carmenère 2003 (Maule)

DALLAS CONTÉ

Dirección:	Av. Santa María 6560 Depto. 307 Vitacura, Santiago.
E-mail:	salvadorcorrea@cybercenter.cl
Teléfono:	(56-2) 333 04 81
Sitio:	En construcción
Valles:	Rapel, Casablanca

Bastante sólida la muestra de Dallas Conté este año. Vinos comerciales, eso sí, dirigidos a agradar, lo que no tiene nada de malo. El punto es que siempre hay unos taninos o una buena acidez o buenos aromas como para decir que la cosa va bien. Aunque se trate de sólo tres tintos, lo que ofrece esta bodega los va a dejar satisfechos en cuerpo, jugosidad y poder aromático.

Vinos catados:	4
Vinos no recomendados:	1
Vinos recomendados:	3

Tintos recomendados

MERLOT 2001
(Rapel)
$ 4.900   **87**

La madera aporta especias y el merlot entrega sus notas dulces y amables. La boca es nerviosa, tiene fibra y músculos. Un vino ágil, con buena fruta y taninos recios que aportan estructura.

CABERNET SAUVIGNON 2001
(Rapel)
$ 4.900   **87**

También fibroso, con un buen equilibrio y una acidez que siempre está ayudando a levantar la fruta. Para este vino nada mejor que un osobuco dispuesto a potenciar esas notas a regaliz y café.

RESERVA CABERNET SAUVIGNON-MERLOT 2001
(Rapel)
$ 8.400   89

Este vino es demasiado joven. Tengan paciencia y esperen un par de años. Por el momento todo es aspereza, potencia frutal descontrolada, desequilibrio. Pero aquí hay algo importante que ustedes, los pacientes, deben buscar cuando esté disponible en el mercado.

Blancos no recomendados

Chardonnay 2003 (Casablanca)

ECHEVERRÍA

Dirección:	Viñedos La Estancia s/n Molina. Casilla 123.
E-mail:	info@echewine.com
Teléfono:	(56-2) 207 43 27
Sitio:	www.echewine.com
Valle:	Curicó

Aunque en los blancos no es del todo notorio, en los tintos se siente el interés de Echeverría por mejorar la calidad de su fruta y transformarla en mejores vinos. En los más destacados ejemplos de esta entrega, la madurez de la fruta se une a la concentración, diseñando tintos ambiciosos, aún no calibrados, con falta de equilibrio a veces, pero definitivamente mejores. Cada año Echeverría da un paso adelante.

Vinos catados:	11
Vinos no recomendados:	7
Vinos recomendados:	4

Tintos recomendados

RESERVA MERLOT 2001
(Curicó)
$ 4.500   **83**

Especiado y ligero, este merlot tiene la suficiente fruta dulce en la boca como para acompañar un chapsui de pollo.

CARMENÈRE 2002
(Molina)
$ 2.900

82

Suave, simple, lo mejor que tiene es la suavidad y la fruta dulce en el paladar. Bébanlo frío, junto a un trozo de salmón a las brasas.

RESERVA CABERNET SAUVIGNON-MERLOT 2001
(Curicó)
$ 4.500

87

Se nota más ambición. La mejor selección de fruta y la mayor madurez han hecho de esta mezcla un tinto concentrado, de aromas potentes a ciruelas confitadas y pimienta negra. Bueno. Busquen un osobuco de ternera.

FAMILY RESERVE CABERNET SAUVIGNON 1999
(Molina)
$ 8.900

87

La madurez en la nariz es profunda. Y en la boca hay suavidad de taninos y dulzor de fruta. No es un vino simple. Tiene especias, estructura, tensión entre la fruta y la acidez, pero en general se trata de un vino amable que aún está en vías de evolución.

Blancos no recomendados
Sauvignon Blanc 2003 (Curicó)
Reserva Sauvignon Blanc 2003 (Curicó)
Unwooded Chardonnay 2003 (Curicó)
Reserva Chardonnay 2002 (Curicó)
Family Reserve Chardonnay 2001 (Curicó)

Tintos no recomendados
Merlot 2002 (Maule)
Cabernet Sauvignon 2002 (Molina)

LUIS FELIPE EDWARDS

Dirección:	Av. Vitacura 4130, Santiago.
E-mail:	vinalfedwards@lfewines.com
Teléfono:	(56-2) 208 68 19
Sitio:	www.lfewines.com
Valle:	Colchagua

Luis Felipe Edwards, en Puquillay Alto, hacia el sector oriental del valle de Colchagua, resume con su dulzor y su amabilidad los tintos de la zona. Sin grandes logros en 2002, sus vinos son ricos en frutas maduras y en dulzor; un dulzor que a veces, sin embargo, les juega malas pasadas achatándolos. Pero con algunos grados menos de temperatura (una breve estadía en el refrigerador) la vitalidad regresa y estos vinos se disfrutan mucho más. Confiables.

Vinos catados:	8
Vinos no recomendados:	4
Vinos recomendados:	4

Tintos recomendados

RESERVA MERLOT 2002
(Colchagua)
$ 4.500   85

Sin ser un complejo merlot, para el nivel de la cepa en Chile está bien. Hay jugo de cerezas en la boca y una rica acidez. Bien.

RESERVA MALBEC 2002
(Colchagua)
$ 4.500   85

Con las especias de la madera, pero también con las cerezas negras del malbec chileno, este tinto se defiende bien. Tiene carne, aunque también alcohol. Sírvanlo frío, junto a unas empanadas salteñas.

CABERNET SAUVIGNON 2002
(Colchagua) $ 2.500 $

85

Como representante de la calidez de Colchagua, la fruta madura y suave de este tinto muestra su origen con claridad. Si sólo fuera dulzor, no se los recomendaría. Pero hay un jugo fresco hacia el final del paladar.

DOÑA BERNARDA CABERNET SAUVIGNON 2000
(Colchagua) $ 17.000

87

Todavía muy joven, este Doña Bernarda ya comienza a mostrar esa suavidad y esa fruta madura y jugosa que ha sido el leid motiv de su corta vida. Esperen a que la madera se fusione y que las notas a cerezas confitadas adquieran protagonismo. Un año, por ejemplo.

Blancos no recomendados
Chardonnay 2003 (Colchagua)

Tintos no recomendados
Reserva Carmenère 2002 (Colchagua)
Reserva Shiraz 2002 (Colchagua)
Reserva Cabernet Sauvignon 2002 (Colchagua)

SANTA EMA

Dirección:	Izaga 1096, Isla de Maipo. Casilla 17.
E-mail:	santaema@entelchile.net
Teléfono:	(56-2) 819 29 96
Sitio:	www.santaema.com
Valle:	Maipo

En sus mejores momentos, Santa Ema ofrece vinos comerciales, en extremo fáciles de beber, dominados por los suaves toques de la madera y con taninos que son una dulzura. En sus malos momentos, los vinos parecen faltos de madurez, verdes. La entrega de este año me deja en claro que Santa Ema necesita urgente un gran vino para salir del montón. No sé si andan en busca de eso. Al menos, no se nota.

Vinos catados:	9
Vinos no recomendados:	5
Vinos recomendados:	4

Blanco recomendado

CHARDONNAY 2003
(Casablanca)
$ 3.100   84

Simple, enfocado en la fruta. Duraznos maduros, buena acidez, cuerpo ligero. Ideal para aperitivo o con un trozo de queso de cabra fresco.

RESERVE MERLOT 2002
(Maipo)
$ 4.900   **84**

Miren la nariz. Es pura vainilla. De fruta, nada. Sólo barrica. La boca
tiene una suavidad perfecta. Nada molesta. La madera sigue mandando
y la madurez de la fruta impresiona. Este vino es tan comercial que
conmueve. Es como una canción de moda que uno escucha en la
radio, la tararea toda la semana y luego la olvida. No hay carácter, sólo
enología para agradar sin correr riesgos.

CABERNET SAUVIGNON 2002
(Maipo)
$ 2.750   **83**

Esta es la versión femenina del cabernet. Pura suavidad, pura amabilidad. Si me apuran, hasta les recomiendo unas sardinas a la parrilla.

RESERVE CABERNET SAUVIGNON 2001
(Maipo)
$ 4.900   **84**

Este vino quizás merecería más. Tiene la estructura firme y fibrosa del
cabernet, así como fruta roja ácida que aporta a la tipicidad. El problema
es que está algo verde, le falta madurez y eso me complica un poco.

Blancos no recomendados
Sauvignon Blanc 2003 (Maipo)
Reserve Chardonnay Reserva 2002 (Maipo)

Tintos no recomendados
Merlot 2002 (Maipo)
Carmenère 2001 (Maipo)
Barrel Select Cabernet Sauvignon-Merlot 2001 (Maipo)

SANTA EMILIANA

Dirección:	Av. Nueva Tajamar 481, Torre Sur, Of. 701, Las Condes, Santiago.
E-mail:	info@bvsantaemiliana.cl
Teléfono:	(56-2) 353 91 30
Sitio:	www.santaemiliana.cl
Valles:	Valle Central

Tal como lo dije el año pasado, tengo la sensación de que los vinos de Santa Emiliana o, al menos aquellos que van al mercado chileno, necesitan urgente una renovación. Cada vez son menos interesantes, menos afrutados y más aguados. Hay que hacer algo porque -hasta donde yo recuerdo- Santa Emiliana era una fuente segura de vinos simples y ricos en fruta. Y ya no lo es tanto.

Vinos catados:	8
Vinos no recomendados:	5
Vinos recomendados:	3

Blanco recomendado

GEWÜRZTRAMINER 2003
(Valle Central)
$ 1.500   **82**

Las notas a lichis y rosas se confunden con las chirimoyas. La boca es algo alcohólica. Un blanco simple, para tomarlo frío.

Tintos recomendados

SYRAH 2002
(Valle Central)
$ 1.500

83

Simple, suave, levemente especiado. Se desliza como si nada por la lengua, con su cuerpo ligero y su textura de algodón. Rico.

CABERNET SAUVIGNON 2002
(Valle Central)
$ 1.500

83

A pesar de su simpleza, la fruta de este cabernet se expresa acompañada de pimienta negra y taninos con estructura. Es simple, pero de todas maneras puede ir junto a un bistec a lo pobre.

Blancos no recomendados
Sauvignon Blanc 2003 (Valle Central)
Chardonnay 2003 (Valle Central)

Tintos no recomendados
Pinot 2002 (Valle Central)
Merlot 2003 (Valle Central)
Carmenère 2002 (Valle Central)

ERRÁZURIZ

Dirección:	Av. Nueva Tajamar 481, Torre Sur, Of. 503, Providencia, Santiago.
E-mail:	ewexman@errarruziz.cl
Teléfono:	(56-2) 203 66 88
Sitio:	www.errazuriz.com
Valles:	Aconcagua, Casablanca, Curicó

Errázuriz es líder en el valle de Aconcagua y, aunque han aparecido nuevos vecinos (Von Siebenthal, especialmente), sigue siendo la bodega que mejor resume el carácter licoroso y potente de los vinos tintos de la denominación. Nadie, hasta el momento, trabaja el syrah de la forma en que lo hace Errázuriz. La Cumbre, el nuevo syrah de la casa, es el mejor ejemplo de esa experiencia. Más interesante será la historia cuando los nuevos viñedos, plantados hacia el más frío occidente del valle, entren en total producción. Un nuevo punto de vista para un valle que necesita, de forma urgente, que existan más Errázuriz creando buenos vinos.

Vinos catados:	16
Vinos no recomendados:	7
Vinos recomendados:	9

Blancos recomendados

ESTATE CHARDONNAY 2003
(Casablanca)
$ 3.700   **84**

Fresco y casi cítrico, con una acidez que invita a refrescarse, este chardonnay es la pareja perfecta para un cebiche de ostiones.

MAX RESERVA CHARDONNAY 2002
(Casablanca)
$ 6.000   **84**

Maduro, las notas a plátano y piñas en tarro mandan en la nariz. La boca es ligera y levemente alcohólica, pero nada que unos camarones al pil pil no puedan remediar.

WILD FERMENT CHARDONNAY 2002
(Casablanca)
$ 9.500   86

La nariz es extraña. Las notas a levaduras se unen con las piñas maduras, generando una nota muy difícil de describir. Traten ustedes. La boca es fresca, con una acidez crujiente y una buena densidad de frutas. Plátanos maduros quedan dando vueltas en la boca una vez que se ha bebido este logrado y salvaje chardonnay.

Tintos recomendados

CORTON CARMENÈRE 2002
(Aconcagua)
$ 2.500   Ⓢ   85

Levemente vegetal, pero con la textura suave de los simples y fieles carmenère. Unos zapallitos italianos gratinados le irían muy bien.

ESTATE CARMENÈRE 2002
(Aconcagua)
$ 3.700   84

Suave como un jugo de ciruelas. Refrescante y ligero. Una alternativa para berenjenas asadas.

SINGLE VINEYARD SANGIOVESE 2002
(Aconcagua)
$ 9.500   86

Rudo. A este sangiovese le hace falta una buena pasta a la bolognesa para disminuir su tanicidad y ayudar a que aparezca la fruta. Decanten antes de servir.

LA CUMBRE SYRAH 2001
(Aconcagua)
$ 20.000   89

Las notas licorosas a moras en mermelada, se unen a las especias indias, al curry, al dulzor del garam marsala. Un adorable syrah, lleno de jugo de frutas negras en la boca, potente, con taninos que ahogan su dulzor en la concentración en gusto a fruta. Errázuriz sabe de syrah.

ESTATE CABERNET SAUVIGNON 2002
(Aconcagua)
$ 3.700   87

A pesar de la rigurosidad, de la potencia de sus taninos, de sus notas especiadas más cercanas a la pimienta que a la canela, este cabernet tiene su lado amable gracias a una fruta madura. Arándanos y cerezas negras jugando de la mano. Bueno.

DON MAXIMIANO FOUNDER´S RESERVE
MEZCLA TINTA 2001 (Aconcagua)
$ 39.900   88

Concentrado, quizás demasiado cálido en la boca, lo que destaca en esta nueva versión del clásico Don Maximiano Founder´s Reserve es la generosidad de su fruta madura. Cerezas en almíbar, moras y ciruelas sobre un fondo de taninos que se han mareado por el alcohol y que, por lo mismo, no son capaces de pinchar el paladar. El resultado es un vino voluptuoso que necesita servirse a unos 18 grados y acompañado, por ejemplo, con un cordero al romero. Y luego, a dormir.

Blancos no recomendados
Corton Sauvignon Blanc 2003 (Curicó)
Sauvignon Blanc 2003 (Curicó)
Corton Chardonnay 2003 (Curicó)

Tintos no recomendados
Wild Ferment Pinot Noir 2002 (Casablanca)
Corton Merlot 2002 (Curicó)
Estate Merlot 2002 (Curicó)
Corton Cabernet Sauvignon 2002 (Aconcagua)

ERRÁZURIZ OVALLE

Dirección:	Amunátegui 178, Piso 4. Santiago Centro, Santiago.
E-mail:	contactos@eov_vineyards.cl
Teléfono:	(56-2) 540 60 00
Sitio:	www.eov-vineyards.cl
Valles:	Colchagua, Lontué

Hasta el momento, todas las señales que me llegan de Errázuriz Ovalle apuntan a que se trata de una bodega de vinos masivos, fáciles de beber y que en escasas ocasiones alcanzan cierto nivel. Salvo en el malbec, la mano de Claudio Barría -uno de los enólogos más talentosos de Chile- rara vez se muestra.

Vinos catados:	25
Vinos no recomendados:	19
Vinos recomendados:	6

Tintos Recomendados

TIERRUCA MERLOT 2003
(Colchagua)
$ 1.800   82

La fruta negra manda. Cerezas maduras, berries sobre un cuerpo generoso, levemente astringente y con cierto desequilibrio en la relación entre taninos (algo rústicos) y un cuerpo más bien ligero. Nada que una empanada de pino no pueda remediar.

PANUL MALBEC 2003
(Colchagua)
$ 1.030   **83**

Las frutas rojas ácidas, frescas, tan propias del malbec, se notan en
una buena intensidad. La boca es suave, con una buena acidez y un
cuerpo ligero y jugoso. Rico vino para unos filetes de albacora al horno,
con algo de mantequilla y pimienta negra. Nada más.

TIERRUCA MALBEC 2003
(Colchagua) $
$ 1.380   **86**

Lleno de frutas, este simple y directo malbec habla de frambuesas
maduras en un cuerpo ligero y súper entendible a la primera. Bébanlo
frío, junto a unos pejerreyes fritos y crujientes.

PANUL RESERVE CABERNET SAUVIGNON 2002
(Colchagua)
$ 1.660   **82**

En un año complejo para la zona occidental
de Colchagua, con lluvias y hasta con
aguaceros en momentos claves de la
madurez de la fruta, este vino se maneja
correctamente. Hay especias, frutas rojas
frescas y taninos que, antes que agredir, dan
estructura. Un tinto de Marchigüe simple y
fácil de entender.

TIERRUCA CABERNET SAUVIGNON 2003
(Colchagua) $
$ 1.370   **86**

Buena intensidad de fruta. Las notas a moras se sostienen sobre
especias dulces, mientras que en la boca hay un cuerpo medio de
taninos firmes. Un buen vino para unas longanizas con papas cocidas.

TIERRUCA GUARDA CABERNET SAUVIGNON 2002
(Colchagua)
$ 2.270   82

Levemente dulce, este cabernet tiene la amabilidad de muchos cabernet de Colchagua. Las asoleadas tardes en el valle tienen la culpa. Sírvanlo frío para revivir el frescor de la fruta.

Blancos no recomendados
Panul Sauvignon Blanc 2003 (Lontué)
Tierruca Sauvignon Blanc 2003 (Lontué)
Panul Chardonnay 2003 (Colchagua)
Tierruca Chardonnay 2003 (Colchagua)
Panul Reserve Viognier 2002 (Rapel)
Tierruca Guarda Viognier 2002 (Colchagua)
Tierruca Día Noche Cabernet Sauvignon (Rosé) 2003

Tintos no recomendados
Panul Merlot 2003 (Colchagua)
Panul Reserve Merlot 2002 (Colchagua)
Tierruca Guarda Merlot 2002 (Colchagua)
Panul Carmenère 2003 (Colchagua)
Panul Reserve Carmenère 2002 (Colchagua)
Tierruca Carmenère 2003 (Colchagua)
Tierruca Guarda Carmenère 2002 (Colchagua)
Panul Syrah 2003 (Colchagua)
Panul Reserve Syrah 2002 (Colchagua)
Tierruca Syrah 2003 (Colchagua)
Tierruca Guarda Syrah 2002 (Colchagua)
Panul Cabernet Sauvignon 2003 (Colchagua)

WILLIAM FÈVRE

Dirección:	Huelén 56, Of.B, Providencia, Santiago.
E-mail:	info@wfchile.cl
Teléfono:	(56-2) 235 19 19
Sitio:	www.lamision.cl
Valles:	Maipo, Curicó, Colchagua

La línea La Misión tiene sus problemas. Le falta fruta para lograr convencerme. Por otro lado, Gran Cuvée tiene más argumentos. Se nota que hay mayor preocupación por seleccionar una mejor fruta, aunque peca a veces de falta de madurez. En términos generales, estos Gran Cuvée se beben sin problemas, pero no emocionan. Una viña correcta.

Vinos catados:	7
Vinos no recomendados:	5
Vinos recomendados:	2

Tintos recomendados

GRAN CUVÉE CARMENÈRE 2002
(Maipo)
$ 7.900   **84**

La fruta roja fresca y casi ácida de este carmenère se mezcla con leves notas vegetales que, en vez de arruinarlo, le dan frescor. La boca es potente, sobre todo a nivel de taninos. Le falta jugosidad, pero para una albacora a las brasas está bien.

GRAN CUVÉE CABERNET SAUVIGNON 2002
(Maipo)
$ 7.900

86

Especiado y de frutas negras intensas, este cabernet peca del desequilibrio de la juventud. Los taninos, la acidez y las frutas andan en la boca cada uno por su lado. Sin embargo, hay bastante jugosidad. Un pastel de choclo puede aplacar tanto ímpetu juvenil.

Blancos no recomendados
La Misión Sauvignon Blanc 2003 (Maipo)
La Misión Chardonnay 2003 (Maipo)

Tintos no recomendados
La Misión Pinot Noir 2002 (Maipo)
Gran Cuvée Pinot Noir 2002 (Maipo)
La Misión Cabernet Sauvignon 2002 (Maipo)

GARCÉS SILVA

Dirección:	Av. El Golf 99, Of. 801, Las Condes, Santiago.
E-mail:	alegalaz@sanandres.cl
Teléfono:	(56-2) 367 12 60
Sitio:	En construcción
Valle:	Leyda (San Juan)

La Viña Garcés Silva se encuentra en el extremo occidental de Leyda, en el valle de San Antonio, y es el más nuevo de los proyectos de esta pujante zona que mira hacia el Pacífico. Su debut en el Descorchados es con un sólo vino, un sauvignon que muestra parte del potencial de esta bodega. Aparecerá en enero de 2004 y ya en esa fecha estará listo y sumamente indicado para acompañar las tardes de calor. Luego vendrán un chardonnay y un pinot noir que completarán el portafolio de este proyecto digno de tener en cuenta.

Vinos catados:	1
Vinos no recomendados:	0
Vinos recomendados:	1

Blanco recomendado

AMAYNA SAUVIGNON BLANC 2003
(San Antonio)
$ 7.000   86

Puro, casi cristalino, este sauvignon ligero y fresco tiene todas las aptitudes para acompañar unas brochetas de camarones ecuatorianos. Fíjense en esa crujiente acidez y en la forma en que levanta la fruta dejando, cuando el vino se ha bebido, un agradable gusto a limas. Buen apronte.

GILLMORE

Dirección:	Av. Vitacura 2909, Of. 805. Vitacura Santiago.
E-mail:	tabontinaja@gillmore.cl
Teléfono:	(56-2) 232 76 94
Sitio:	www.gillmore.cl
Valle:	Maule

Gracias a la cosecha 2001, los vinos de Gillmore parecen distintos. La concentración en fruta ha permitido que la madera, aunque notoria, no tenga el protagonismo de otros años. Menores rendimientos y un mejor trabajo en la bodega son las claves para que esta bodega comience, por fin, a demostrar su potencial. No es arriesgado esperar aún mejores resultados en las próximas cosechas, puesto que Andrés Sánchez, ex enólogo de Calina, acaba de tomar las riendas.

Vinos catados:	5
Vinos no recomendados:	1
Vinos recomendados:	4

Tintos recomendados

MERLOT 2001
(Maule)
$ 7.500   87

Puro jugo de cerezas. Este afrutado y generoso merlot se mantiene consistente durante todo el paladar. Nada molesta. Simple y sumamente recomendable.

CARIGNAN 2001
(Maule)
$ 7.500   85

Un carignan directo en su expresión frutal a guindas y violetas. En la boca la fruta es rojísima, con un cuerpo medio y una acidez en muy buen equilibrio. Bastante madera, pero eso pasará con el tiempo.

CABERNET FRANC 2001
(Maule)
$ 7.500   85

Otro jugo de frutas simple y fresco. Ese frescor se arma aquí a partir de una rica acidez que levanta las notas a cerezas y que acentúa lo punzante de los taninos.

CABERNET SAUVIGNON 2001
(Maule)
$ 7.500   84

Siguiendo la lógica de los vinos de Gillmore de este año, la jugosidad y la simpleza mandan. Aunque no se engañen, aquí hay taninos que piden un asado de domingo.

Tintos no recomendados
Carmenère 2001 (Maule)

CASAS DE GINER

Dirección:	Av. Central 3749 A. Lo Cañas La Florida, Santiago.
E-mail:	informa@casasdeginer.cl
Teléfono:	(56-2) 313 01 38
Sitio:	www.casasdeginer.cl
Valle:	Itata

Aceptable el debut de Casas de Giner. Ubicada en el valle de Itata, al norte del Bío Bío, esta bodega ofrece por el momento dos tintos recomendados en este Descorchados. Tintos amables, suaves y simples. No mucho más que decir.

Vinos catados:	4
Vinos no recomendados:	2
Vinos recomendados:	2

Tintos recomendados

RESERVA CARMENÈRE 2002
(Itata)
$ 6.900   **81**

Fresco y simple, en la boca hay taninos que ayudan a darle estructura. Una pasta alfredo podría ir bien aquí.

RESERVA CABERNET SAUVIGNON 2000
(Itata)
$ 6.900   **84**

Los taninos de este cabernet marcan la fruta fresca que se siente en la boca. Hay una importante acidez, pero no me molesta. Todo lo relaciono con el cuerpo fibroso y nervioso de este tinto. Perfecto con unas berenjenas gratinadas.

Blancos no recomendados
Chardonnay 2002 (Itata)

Tintos no recomendados
Merlot 2000 (Itata)

LAURA HARTWIG

Dirección:	Camino a Barreales s/n, Santa Cruz.
E-mail:	laurahartwig@terra.cl
Teléfono:	(56-72) 823 183
Sitio:	En construcción
Valles:	Colchagua

Los vinos de Laura Hartwig han mantenido un estilo desde que los conozco. Abocados a la expresión de la fruta, nunca son vinos violentos, de esos que hay que dejarlos olvidados en la cava hasta que se calmen. Por el contrario, en sus mejores ejemplos hay elegancia y distinción, sin dejar de lado la generosa y dulce expresión de Colchagua. Recomendables todos este año.

Vinos catados:	5
Vinos no recomendados:	0
Vinos recomendados:	5

Blanco recomendado

CHARDONNAY 2002
(Colchagua)
$ 4.600   **84**

Suave, elegante, la fruta madura se siente como una brisa en la boca. Los plátanos, las piñas, las chirimoyas, todo finamente balanceado en este chardonnay. Gana en la lucha contra el calor de Colchagua.

MERLOT 2001
(Colchagua)
$ 4.990   84

La fruta es madura y dulce, pero hay taninos y acidez para darle frescor y potencia a este merlot. Buen acompañante de un pollo tandoori.

CARMENÈRE 2002
(Colchagua)
$ 4.990   84

Como un jugo de cerezas maduras, la suavidad de este vino refresca el paladar con una acidez muy bien lograda. Un carmenère simple y refrescante. Sírvanlo frío.

CABERNET SAUVIGNON 2001
(Colchagua)
$ 4.990   86

La intensidad de la fruta es mucho más ambiciosa en esta muestra. Sigue rondando un gusto dulce a lo largo de todo el paladar, pero el peso específico se siente mucho más presente. Carne a las brasas, compañera segura.

GRAN RESERVA (CABERNET SAUVIGNON-MERLOT-CARMENÈRE) 2000 (Colchagua)
$ 14.000   87

Siempre manteniendo esa cosa media confitada de la fruta, esta mezcla merece una mayor atención. Su jugosidad es potente en la boca y el recuerdo queda dando vueltas en la boca por un buen rato.

HUELQUÉN

Dirección:	Fundo Cachantún, camino Padre Hurtado 4595, Huelquén, Paine.
E-mail:	huelquen@huelquen.com
Teléfono:	(56-2) 259 42 34
Sitio:	www.huelquen.com
Valles:	Maipo.

Este es el segundo año de Huelquén en el Descorchados y, aunque se nota un ascenso y una mayor ambición, su estilo sigue siendo el de vinos suaves, amables, directos en su expresión frutal. La muestra de ambición es su nuevo premium que, a pesar de un muy logrado balance entre alcohol, taninos y acidez, sigue ofreciendo esa fruta franca y simple.

Vinos catados:	6
Vinos no recomendados:	2
Vinos recomendados:	4

Tintos recomendados

MERLOT 2002
(Maipo)
$ 2.500   81

Con notas a hierbas y cerezas ácidas y un cuerpo ligero y fresco, este merlot tiene la frugalidad de un jugo de frutas.

RESERVA MERLOT 2002
(Maipo)
$ 5.500   83

Jugoso y dulce, los tanino se ahogan en el dulzor de la fruta y sólo hacen cariño. Muy agradable.

RESERVA CABERNET SAUVIGNON 2002
(Maipo)
$ 5.500 **84**

Con una fruta más concentrada y una importante presencia de la madera, este cabernet tiene la suficiente fruta en la boca como para dar la pelea. Simple e ideal para un charquicán.

PREMIUM CABERNET SAUVIGNON 2002
(Maipo)
$ 15.600 **86**

Aquí la gracia es el balance. Sin ser un súper tinto, de esos que se cortan con cuchillo por lo gruesos y duros, este cabernet ofrece fruta dulce y suave. Cerezas bien maduras

Blancos no recomendados
Chardonnay 2003 (Maipo)

Tintos no recomendados
Cabernet Sauvignon 2002 (Maipo)

SANTA INÉS

Dirección:	Manuel Rodríguez 229, Isla de Maipo. Casilla 416 V Correo Moneda.
E-mail:	office@demartino.cl
Teléfono:	(56-2) 819 29 59
Sitio:	www.demartino.cl
Valles:	Casablanca, Maipo, Maule

Santa Inés está diseñando vinos cada vez con más fuerza, más barrica y más concentración en gusto a fruta. Cuando estos dos últimos detalles van en un mismo nivel de intensidad, sus vinos pueden ser gloriosos. De lo contrario, cuesta entenderlos en su agresividad. Para mí el Single Vineyard Carmenère y el Gran Familia Cabernet Sauvignon van por el buen camino de la híper concentración, donde todo se conjuga para crear vinos poderosos, con un gran potencial de envejecimiento. Cuando Santa Inés lo logra, lo logra en serio.

Vinos catados:	14
Vinos no recomendados:	7
Vinos recomendados:	7

Blancos recomendados

**LEGADO DE ARMIDA
SAUVIGNON BLANC 2003** (Maipo)
$ 5.300   **83**

Ligero, fresco y casi frágil, este simple sauvignon blanc sirve como aperitivo junto a unos trozos de queso de cabra.

SINGLE VINEYARD
SAUVIGNON BLANC 2003 (Casablanca)
$ 8.900   **88**

Todo es balance. La fruta se mueve con agilidad en la boca, con un frescor que recuerda al jugo de limón y a las hierbas. Y todo apoyado por una excelente acidez que hace salivar. Muy buen exponente del valle.

Tintos recomendados

LEGADO DE ARMIDA CARMENÈRE 2002
(Maipo)
$ 5.300   **83**

Frutas negras y jugosas juguetean sobre taninos demasiado ásperos como para no pasar desapercibidos en medio de la jugosidad de este rico carmenère. Menos astringencia sería ideal, pero por el momento un sandwich de lomito puede ayudar.

SINGLE VINEYARD CARMENÈRE 2002
(Maipo)
$ 8.900   **90**

DE MARTINO
family

Single Vineyard

CARMÈNÈRE
MAIPO VALLEY
CHILE · 2002

Marcelo Retamal

Produced and bottled by De Martino

A diferencia del anterior, aquí existe una mayor concentración en gusto a fruta que impide que los taninos se roben la película. Jugo profundo y contundente de cerezas negras, nada de vegetal. Muy logrado, uno de los mejores carmenère de Chile.

LEGADO DE ARMIDA CABERNET SAUVIGNON 2002
(Maipo)
$ 5.300   **89**

Licoroso, maduro sin caer en la sobre carga de dulzor, este cabernet tiene además una textura adorable. Pesadamente, pero a la vez con gracia, se desliza por la boca con su enorme carga de fruta y su estupendo balance de taninos y dulzor. Otro muy buen vino.

SINGLE VINEYARD CABERNET SAUVIGNON 2002
(Maule)
$ 8.900   87

Me gustaría que la fruta tuviera más vivacidad, sin embargo, no se puede negar que aquí hay concentración en fruta. Y fuerza.

DE MARTINO GRAN FAMILIA CABERNET SAUVIGNON 2001
(Maipo)
$ 16.000   90

Vaya fuerza. La fruta aquí es madura, pero a la vez especiada por la barrica. Notas dulces, cassis y cerezas negras que luego se proyectan en la boca con potencia y descontrol. Este vino tiene una larga vida por delante. Por el momento yo recomendaría paciencia, los taninos necesitan tiempo para calmarse.

Blancos no recomendados
Legado de Armida Chardonnay 2002 (Maipo)

Tintos no recomendados
Single Vineyard Pinot Noir 2002 (Casablanca)
Merlot 2002 (Maipo)
Legado de Armida Merlot 2002 (Maipo)
Single Vineyard Malbec 2002 (Maule)
Single Vineyard Cabernet Franc 2002 (Maipo)
Cabernet Sauvignon 2002 (Maipo)

SAN JOSÉ DE APALTA

Dirección:	Av. Miguel Ramírez 199, Rancagua.
E-mail:	contacto@sanjosedeapalta.cl
Teléfono:	(56-2) 458 61 94
Sitio:	www.sanjosedeapalta.cl
Valles:	Rapel

Inserta en el negocio del vino desde comienzo de los años setenta, San José de Apalta decide en 1994 comenzar a embotellar su producción de paños propios en El Rosario (Apalta, Colchagua) y Las Cabras (Cachapoal). Y este es su debut, una muestra bastante sólida, con buenos vinos que, en ciertas ocasiones, muestra signos de interesante potencial. Hay que estar atentos. Por el momento, aquí les va una pequeña muestra.

Vinos catados:	6
Vinos no recomendados:	3
Vinos recomendados:	3

Tintos recomendados

MERLOT 2002
(Rapel)
$ 2.500   **84**

Cálido, los tanino se mueven con suavidad, aunque pesadamente sobre la lengua, dando una sensación de agradable untuosidad.

SYRAH 2002
(Rapel)
$ 2.500   **86**

Especiado, con notas a canela. En la boca la jugosidad es agradable y levemente ácida, sobre un fondo de moras maduras. Amistoso a toda prueba.

RESERVA CABERNET SAUVIGNON-MERLOT-SYRAH 2002
(Rapel)
$ 3.990   **86**

Me gustan las cerezas negras de esta robusta mezcla que en la boca necesita de paladares todo terreno para poder soportar esos taninos adolescentes que pinchan con descaro. Por fortuna hay fruta jugosa detrás. Frescor y vivacidad en estado puro.

Blancos no recomendados
Sauvignon Blanc 2002 (Rapel)
Chardonnay 2002 (Rapel)

Tintos no recomendados
Cabernet Sauvignon 2002 (Rapel)

LAGAR DE BEZANA

Dirección:	Los Leones 1285, Providencia, Santiago.
E-mail:	rbezanilla@infinita.cl
Teléfono:	(56-2) 754 44 04
Sitio:	En construcción
Valles:	Cachapoal

Ricardo Bezanilla, el experimentado locutor de radio, se ha convertido en viticultor. El proyecto es Lagar de Bezana, ubicado en Codegua, en el valle del río Cachapoal. Su primera entrega me habla de vinos abordables y simples. Aluvión, una mezcla de cabernet, merlot, syrah y cabernet franc es, por el momento, el recomendado. Veremos qué pasará con la mano de la enóloga Adriana Cerda.

Vinos catados:	2
Vinos no recomendados:	1
Vinos recomendados:	1

Tinto recomendado

Aluvión Tinto 2001
(Cachapoal)
$ 9.000   **84**

Maduro y suave, los taninos se mueven con docilidad entre un jugo de frutas rojas que no cansa. Un vino para beberlo junto a unas tostadas de jamón serrano y queso de cabra.

Tintos no recomendados
Aguacero Cabernet Sauvignon 2001 (Cachapoal)

CASA LAPOSTOLLE

Dirección:	Benjamin 2935 Of. 801, Las Condes, Santiago.
E-mail:	info@casalapostolle.com
Teléfono:	(56-2) 242 97 74
Sitio:	www.casalapostolle.com
Valles:	Colchagua, Casablanca

Casa Lapostolle no necesita demostrar calidad o poderío con una enorme línea de vinos. Para el equipo enológico, la concentración siempre ha sido la clave. Pocos vinos y casi todos buenos. Como guinda de la torta está el magnífico Clos Apalta 2001, un tinto definitivo que por primera vez muestra un equilibrio en donde ya, a pesar de su juventud, nada parece sobrar. Pero hay más. Dentro de la consistencia de Casa Lapostolle, los merlot (carmenère) son el gran caballito de batalla. Potentes, híper robustos, estos vinos son todo lo que el asesor Michel Rolland aprendió en su natal Pomerol, la tierra del Merlot, en Francia. Gran entrega de Lapostolle. Sólida como pocas.

Vinos catados:	7
Vinos no recomendados:	2
Vinos recomendados:	5

Blanco recomendado

CUVÉE ALEXANDRE CHARDONNAY 2002
(Casablanca)
$ 10.900   89

Aquí tienen un chardonnay potente, con la madurez de una fruta cortada tarde, pero también con una intensidad de sabores
que se proyecta en el paladar, llenando cada rincón de la boca con sus notas a plátanos y duraznos maduros. Tropical, excesivo, este chardonnay se las trae.

MERLOT 2002
(Rapel)
$ 5.900

87

Este merlot es maduro, incluso con ciertas notas licorizadas, pero ofreciendo al mismo tiempo aromas a hierbas y leves tonos vegetales. La boca es jugosa, potente y fresca. Muy bueno.

CUVÉE ALEXANDRE MERLOT 2002
(Colchagua)
$ 10.900

91

Intoxicante en su madurez, con regaliz y canela fundiéndose en la nariz, este joven merlot tiene todas las armas para durar por lo menos cinco años sin perder esa fruta híper generosa, potente, y que hoy se encuentra en estado salvaje. Echen un vistazo a la fuerza de los taninos atacando al paladar como una banda de indios lanzando sus flechas. Vaya vino. Brutalidad en estado puro.

CABERNET SAUVIGNON 2001
(Rapel)
$ 5.900

86

Nunca aprendo. Por lógica, uno siempre prueba merlot antes que cabernet, para que así la intensidad de este último no anule al más suave merlot. Pero dentro de la lógica de Lapostolle, este cabernet es una delicada damisela al lado de ese portentoso merlot-carmenère Cuvée Alexandre. Tímido, ligero y algo dulce, se mueve bien, pero sin destellar. No cometan el mismo error. Pruébenlo sin hacer comparaciones.

CLOS APALTA 2001
(Colchagua)
$ 49.900   94

El mejor Clos Apalta. Incluso mejor que ese
memorable 1999. Aquí las frutas licorizadas se
convierten en canela y garam marsala. Cerezas
negras, regaliz, arándanos. La madurez en su
estado más puro. A medida que han pasado las
cosechas y que el equipo formado por Michel
Friou y Michel Rolland logra afiatarse, Clos
Apalta ha mejorado notablemente en la boca,
suavizando sus taninos sin perder una pizca de
concentración. La fuerza de la fruta es tal, que
difícilmente uno puede decir qué variedad es la que predomina, porque
la madurez ya ha logrado que se fusionen, entregando un jugo de frutas
abrumador, notable. El mejor vino de este año en el Descorchados, sin
duda.

Blancos no recomendados
Sauvignon Blanc 2003 (Rapel)
Chardonnay 2002 (Casablanca)

LEYDA

Dirección:	Isidora Goyenechea 2642, piso 5, Las Condes, Santiago.
E-mail:	gellona@ffv.cl
Teléfono:	(56-2) 440 72 34
Sitio:	En construcción
Valles:	San Antonio, Rapel, Maipo

Viña Leyda, pionera en el valle de San Antonio, tuvo un auspicioso debut en el Descorchados 2003. Ahora es el momento de reafirmar su calidad y lo hace con sus siempre interesantes experimentos con pinot noir. A Cahuil y Las Brisas se suma el ambicioso Lot 21, un pinot llevado a los extremos de la madurez. Para los amantes de los chardonnay marinos, Falaris sigue siendo un excelente parámetro para medir la influencia del mar en el valle. Muy bien Viña Leyda.

Vinos catados:	9
Vinos no recomendados:	3
Vinos recomendados:	6

Blancos recomendados

ESTACIÓN RESERVA CHARDONNAY 2003
(Leyda)
$ 2.990 $ ⑤   **84**

Me gusta la mezcla entre una nariz a piñas frescas y una boca ligera y con un balance hacia la acidez derechamente primaveral. Simple y directo.

RESERVE FALARIS HILL VINEYARD
CHARDONNAY 2002 (Leyda)
$ 5.500   **88**

Denso, la madurez de la fruta se muestra con notas a membrillos y piñas. Levemente mineral en medio del dulzor de su nariz, este vino necesita de un trozo de salmón para complementar su generoso cuerpo.

Tintos recomendados

RESERVE LAS BRISAS VINEYARD PINOT NOIR 2002
(Leyda)
$ 5.900   **87**

Las notas a frambuesas y sandía súper madura predominan en este delicado y bien balanceado pinot. La textura es adorable en su suavidad, mientras la fruta tiene densidad, sin llegar a ser agresiva. Como siempre, me quedo con este viñedo porque creo que representa de mejor forma la elegancia y tensa fragilidad de los buenos pinot noir.

RESERVE CAHUIL VINEYARD PINOT NOIR 2002
(Leyda)
$ 8.900   **85**

Rígido, potente, con una presencia de madera y una concentración que a veces hasta me resulta excesiva para lo delicado que debiera ser un pinot. Cahuil sigue diferenciándose de su hermano Las Brisas, básicamente por la madurez de su fruta y por la potencia que ofrece en la boca. Para aquellos que aman los pinot recios.

LOT 21 PINOT NOIR 2002
(Leyda)
$ 19.500   **86**

La madurez de la fruta me abruma hasta casi dejarme exhausto. Es un pinot noir más ambicioso, pero lo siento forzado. A medio camino entre la potencia algo exagerada de Cahuil y la delicadeza de Las Brisas, este pinot necesita mayor definición. Como proyecto, interesante.

ESTACIÓN RESERVA SYRAH 2002
(Colchagua)
$ 2.990   82

Un syrah nervioso, con más especias que fruta. La boca es tensa.
Necesita relajarse y la mejor forma es con unas ubres a la parrilla.

Blancos no recomendados
Estación Reserva Sauvignon Blanc 2003 (Leyda)

Tintos no recomendados
Estación Reserva Merlot 2002 (Maipo)
Estación Reserva Cabernet Sauvignon 2002 (Maipo)

LOMAS DE CAUQUENES

Dirección:	Av. Ruperto Pinochet 690, Cauquenes.
E-mail:	comercial@lomasdecauquenes.cl
Teléfono:	(56-73) 512 026
Sitio:	www.lomasdecauquenes.cl
Valles:	Maule.

La Cooperativa de Cauquenes, conocida en la escena de vinos por su marca Las Lomas o por haber estado dirigida enológicamente por Claudio Barría tiene una línea de vinos de calidad desigual. Siempre la ha tenido. Aunque también hay siempre algo que destacar. Este año, tres vinos han sido suficientes. Echen un vistazo a esta viña, uno de los grandes baluartes del Maule.

Vinos catados:	11
Vinos no recomendados:	8
Vinos recomendados:	3

Tintos recomendados

CUM LAUDE MALBEC 2002
(Maule)
$ 1.590   **83**

Este vino necesita un poco de aire para que comience a mostrar su fruta en estado de madurez óptimo. Guindas negras, pimienta y violetas, en una nariz y una boca adorables y sencillas.

CUM LAUDE CABERNET SAUVIGNON 2002
(Maule)
$ 1.590

83

Algo rústico, con taninos que atacan la lengua con cierta violencia, provocando sequedad en el paladar. Necesita de unas prietas con pure picante para calmar ímpetus.

LAS LOMAS CABERNET SAUVIGNON 2001
(Maule)
$ 2.590

84

Jugoso, más controlado y elegante que la versión 2002 y menos cargado, pero con un balance que permite que el gusto a fruta se destaque. Agradable.

Tintos no recomendados
Las Lomas Tinto (Pais Orgánico) (Maule)
Cum Laude Merlot 2002 (Maule)
Cum Laude Carmenère 2003 (Maule)
Las Lomas Malbec 1999 (Maule)
Las Lomas Cabernet Sauvignon 2001 (Maule)
Fray Martin Tinto licoroso 2002 (Maule)

Blancos no recomendados
Las Lomas Sauvignon Blanc 2003 (Maule)
Las Lomas Late Harvest 2002 (Maule)

LOS MAREADOS

Dirección:	Orrego Luco 125, Providencia, Santiago.
E-mail:	cesarfredes@mi-mail.cl
Teléfono:	(56-2) 231 94 24
Sitio:	En construcción
Valles:	Rapel

Ubicado en la localidad del Tambo, en el extremo sur del valle del Cachapoal y casi justo en la frontera con Colchagua, Los Mareados es el proyecto de un grupo de amigos (algunos de ellos también amigos míos, debo reconocerlo) que debuta amparado en la mano enológica de Pablo Morandé. ¡Uf! Qué difícil hablar de los vinos que hacen los amigos. Sin embargo, tratando de tomar distancia y luego de catar Los Mareados a ciegas, me parece que la mezcla de carmenère y cabernet sauvignon destaca por su simpleza, así como por su enfoque directo en la fruta y en la textura suave de sus taninos dulces y amables. Un buen comienzo para un vino de parras muy jóvenes. Y además, muy buen nombre. Jugado.

Vinos catados:	1
Vinos no recomendados:	0
Vinos recomendados:	1

Tinto recomendado

LOS MAREADOS 2001
(Rapel)
$ 3.800   86

Amable antes que híper concentrado, la textura de esta mezcla del Cachapoal se desliza por la boca sin el menor grado de violencia. Acaricia el paladar con sus taninos dulces y sus notas a canela y cerezas maduras. Simple y fácil de comprender.

CASA MARÍN

Dirección:	Las Peñas 3101, Las Condes. Santiago.
E-mail:	vinacasamarin@expovin.cl
Teléfono:	(56-2) 334 29 86
Sitio:	www.casamarin.cl
Valles:	San Antonio

Sin duda el debut más espectacular del año. Casa Marín es el proyecto de María Luz Marín, una reconocida *négociant* de vinos que en 2000 plantó un viñedo apenas a cuatro kilómetros del Mar, en Lo Abarca, justo al centro oeste del valle de San Antonio. Las condiciones climáticas, fuertemente influidas por la cercanía del Océano Pacífico, obligaron a María Luz a plantar cepas de ciclos cortos de madurez, la mayoría de ellas blancas, además de pinot noir. Mientras el gewürztraminer es un muy importante paso adelante en la discusión sobre esta variedad y su potencial en Chile, el sauvignon blanc Laurel Vineyard sencillamente se instala como el mejor exponente de la cepa en el país. Pura fuerza moldeada por el mar, en un proyecto que marca la más nueva de las tendencias en el vino chileno: pequeñas bodegas enfocadas cien por cien a la calidad. Casa Marín es el ejemplo más radical, aunque por el momento sólo con blancos.

Vinos Catados:	3
Vinos no recomendados:	0
Vinos Recomendados:	3

Blancos Recomendados

LAUREL VINEYARD SAUVIGNON BLANC 2003 (San Antonio)
$ 15.000   **93**

El viñedo Laurel es una colina de suelos calcáreos que mira directamente al Pacífico. Sus viñedos se peinan al viento, una brisa fresca y constante que modela la fruta de este sauvignon blanc. En un comienzo algo austero, a los pocos segundos comienza a mostrar sus notas a limones casi en almíbar y su impactante mineralidad. Huele a piedras blancas, a cal, pero a la vez a limones confitados y hierbas frescas. En la boca, sin embargo, está su mayor potencial. La acidez cítrica, vibrante, crujiente, aporta la estructura necesaria como para soportar una concentración en fruta sorprendentemente generosa para un viñedo que recién fue plantado en 2000. El alcohol también tiene un papel protagónico, pero con esa acidez no hay alcohol que aguante. Un vino que demuestra el gran potencial de San Antonio y, por cierto, el de esta pequeña pero pujante Casa Marín.

CIPRESES VINEYARD SAUVIGNON BLANC 2003
(San Antonio)
$ 17.500   88

El viñedo Los Cipreses está sobre un suelo granítico, con mezclas de arcillas y arenas, y sobre la cima de una ladera que mira hacia el noroeste. Es un sauvignon menos explosivo que Laurel. Su nariz, claro, es deliciosa, llena de notas a menta y hierbas, pero sin la complejidad de su hermano mayor. Inevitable seguir comparando. Mientras Laurel tiene una acidez crujiente y jugosamente cítrica, Cipreses parece más apagado y, al mismo tiempo, más directo en su aproximación. Entra en la boca con balance, con más orden, sin esa radicalidad alocada de su contrapartida, pero con una acidez que no alcanza a evitar que el alcohol tome protagonismo. Sigue siendo, eso sí, un sauvignon blanc excelente

---

CASONA VINEYARD GEWÜRZTRAMINER 2003
(San Antonio)
$ 15.000   89

Este es un estilo totalmente inédito de gewürztraminer en Chile. Y es por el clima de Lo Abarca. Potente, pero a la vez muy fresco, con una acidez firme y con un volumen en boca que está en muy buen equilibrio con su grado de alcohol. La nariz es austera, madura, con notas a rosas blancas y duraznos, pero a la vez con una inquietante mineralidad detrás, amenazando con cubrirlo todo. Volvamos a la boca. Sientan como el vino la envuelve como si nos abrazara una gorda torpe y cariñosa que se acaba de dar un baño en el frío Océano Pacífico. Van a disfrutar de este vino. Se los aseguro.

MATETIC

Dirección:	Hernando de Aguirre 430, Providencia, Santiago.
E-mail:	j.matetic@netline.cl
Teléfono:	(56-2) 232 31 34
Sitio:	En construcción
Valles:	San Antonio

Enclavados en el fundo El Rosario, la viña Matetic cumple su segundo año de producción, ofreciendo vinos que huelen a consolidación. Este año yo me quedo con el syrah EQ, pero no puedo negar que, con sus especias y su mineralidad, el EQ Chardonnay se las trae. Matetic es una viña garage, una bodega pequeña concentrada en hacerlo bien. Su ubicación en un valle privilegiado como San Antonio y su mesoclima cálido de El Rosario, un cajón cálido y ventilado por las brisas del Pacífico, tienen más sorpresas bajo la manga. Sólo hace falta experiencia y que sus parras se asienten y maduren en ese terroir.

Vinos catados:	6
Vinos no recomendados:	1
Vinos recomendados:	5

Blancos recomendados

EQ SAUVIGNON BLANC 2002
(San Antonio)
$ 12.800   **86**

La segunda versión de EQ Sauvignon Blanc mantiene esa fuerte personalidad ligada al alcohol, pero también tiene algo frugal en su fruta que lo hace sentirse más ligero que en su versión 2001. Lo recomiendo por esas notas a manzanas rojas y hierbas y, sobre todo, porque la acidez se mantiene rígida, aportando el tan necesario frescor.

EQ CHARDONNAY 2002
(San Antonio)
$ 14.800

89

Especiado, mineral, con notas a limones en almíbar, la nariz de este chardonnay es deliciosa. Pero la boca es todavía mejor, gracias a esa acidez punzante que recorre los costados del paladar con fuerza levantando la fruta. Un muy buen exponente de Chardonnay en San Antonio.

Tintos recomendados

EQ PINOT NOIR 2002
(San Antonio)
$ 22.000

86

Aunque la fruta no tiene el frescor que me gustaría, no se puede negar que la generosidad de esa fruta es total. ¿Cómo se dan cuenta? Sientan la textura de este pinot, sientan cómo se mueve sobre la lengua, deslizándose suavemente con su jugosidad madura y espesa.

EQ SYRAH 2002
(San Antonio)
$ 22.000

90

La segunda versión de EQ Syrah parece un jugo de moras maduras. Y no sólo por su dulzor, sino también por su textura. Más que avanzar, se expande por el paladar ocupando cada rincón de la lengua con su dulce jugosidad. Suave, goloso, potente y licoroso, este es un súper ejemplo de syrah.

CORRALILLO RESERVE MERLOT-MALBEC 2001
(San Antonio)
$ 9.500

87

El frescor de la influencia del Pacífico entrando por el valle del Rosario se siente con mucha mayor claridad en este fresca y simple mezcla tinta. La acidez es nerviosa y eso se proyecta en las notas a guindas. Primaveral.

Blancos no recomendados
Corralillo Chardonnay 2001 (San Antonio)

SANTA MÓNICA

Dirección:	Camino a Doñihue km 5. Rancagua.
E-mail:	vsmonica@santamonica.cl
Teléfono:	(56-72) 231 444
Sitio:	www.santamonica.cl
Valles:	Rapel

Una de las gracias de Santa Mónica es haberse reinventado a sí misma a partir del nuevo milenio. Su línea Gran Reserva, con la que debutó gracias a la concentrada cosecha 1999, marcó el inicio del cambio. Una nueva bodega y una mayor aplicación en el viñedo fueron las claves. El resultado es que Santa Mónica quizás nunca volverá a ser lo que fue en los 90, es decir, una fuente de vinos cansados y con falta de frescor frutal. Los mejores ejemplos de este año son precisamente todo lo contrario. Hay mucha vida allí. Tienen que probarlos.

Vinos catados:	19
Vinos no recomendados:	10
Vinos recomendados:	9

Blancos recomendados

RIESLING 2003
(Rapel)
$ 3.000   **81**

Tras una nariz parca, el riesling aparece con notas a manzanas verdes y una acidez fresca sobre un cuerpo ligero, casi etéreo.

TIERRA DEL SOL CHARDONNAY 2002
(Rapel)
$ 7.000   **85**

El dulzor de la fruta madura se mezcla con la madera en este enjundioso chardonnay que, a pesar de las notas tostadas, tiene una buena fruta de fondo. Sientan la jugosidad sobre la lengua.

GRAN RESERVA MERLOT 2000
(Rapel)
$ 12.000   **87**

Especiado en la nariz y en la boca con agradables aromas a moca, este merlot tenso, duro en taninos, necesita de al menos un año de botella. Si no tienen paciencia, bébanlo junto a una pulpa de cerdo agridulce.

CARMENÈRE 2002
(Rapel)
$ 3.000   **82**

No hay nada que moleste en este simple carmenère. Suave, levemente especiado. Sencillez en estado puro.

MALBEC 2002
(Rapel)
$ 3.000   **83**

Otro tinto simple y directo. A diferencia del carmenère anterior, lo que prima en este caso es la jugosidad que se convierte en un mayor cuerpo. La fruta fresca es la gran privilegiada en este malbec que, por sus notas a guindas, me recuerda más a un ejemplar de Luján de Cuyo, en Mendoza, que a una de sus súper maduras contrapartidas chilenas.

TIERRA DEL SOL CABERNET SAUVIGNON 2000
(Rapel)
$ 7.000   **87**

Los aromas de este cabernet los relaciono con canela y cerezas negras. Agradable. Luego, en la boca, es rudo. Los taninos tienden a esconder la fruta, pero hacia el final una sensación dulce calma un poco esta chúcara boca. Bueno.

GRAN RESERVA CABERNET SAUVIGNON 2000
(Rapel)
$ 12.000   **85**

Amable, el cuerpo se desliza por el paladar con ligereza, suavidad y buen balance. La persistencia es corta, tiende a desaparecer hacia el final, pero nada grave. Un simple cabernet.

CABERNET SAUVIGNON-CARMENÈRE 2002
(Rapel)
$ 3.000 $

                                                    86

Denle algo de aire a esta mezcla para que la fruta despierte y los taninos dejen de ser protagonistas. Yo lo hice y resultó. De paso descubrí un vino nervioso, con fibra, elegante.

5 VARIEDADES 2002 (RAPEL)
(Rapel)
$ 3.000 $

                                                    87

Especiado, con notas a canela y clavo de olor, más moras y cerezas, este es un vino exótico en su nariz y concentrado en el paladar. Muy joven, aunque también con una muy buena proyección gracias a esa fruta fresca y potente que se siente en la boca. Jugoso y sabroso.

Blancos no recomendados
Sauvignon Blanc 2003 (Rapel)
Sémillon 2003 (Rapel)
Chardonnay 2003 (Rapel)
Gran Reserva Chardonnay 2002 (Rapel)
Cosecha Tardía Semillon 2001 (Rapel)

Tintos no recomendados
Merlot 2001 (Rapel)
Tierra del Sol Merlot 2000 (Rapel)
Syrah 2002 (Rapel)
Cabernet Sauvignon 2001 (Rapel)
Reserva de Bodega Cabernet Sauvignon 1998 (Rapel)

MONTES

Dirección:	Av. Del Valle 945, Of. 2611, Ciudad Empresarial Huechuraba, Santiago.
E-mail:	montes@monteswines.cl
Teléfono:	(56-2) 248 48 05
Sitio:	www.monteswines.com
Valles:	Curicó, Colchagua, Casablanca

Montes es uno de los líderes de la escena de vinos en Chile. Enfocados en la calidad, sus vinos han sabido posicionarse para prestigiar a nuestro país en mercados claves. Pero la búsqueda de calidad los ha llevado por caminos desconocidos y, según mi punto de vista, alucinantes. No recuerdo una entrega de Montes más entera que la de este año. Quizás exagere, porque me gustó demasiado Folly 2001, el sueño de Aurelio Montes en esas empinadas laderas de Apalta. O tal vez porque creo que su Montes Alpha Cabernet Sauvignon está más jugoso y estructurado que nunca. Puede ser. Pero de lo que sí estoy seguro es que, más allá de su vocación comercial, en esta entrega de Viña Montes veo carácter y veo un par de vinos con personalidad propia ligada al terroir que más emociona a Aurelio. Apalta es su sueño y, poco a poco, está logrando extraer el máximo posible de esos viñedos. La cosecha 2001, fresca, viva, pasional, puede tener la culpa.

Vinos catados:	14
Vinos no recomendados:	6
Vinos recomendados:	8

Blanco recomendado

FUME BLANC 2003
(Curicó)
$ 3.300   82

El mayor aporte de este simple sauvignon es su crujiente acidez que refresca la fruta. Para el aperitivo. Y no olviden unas almejas bañadas en limón y aceite de oliva.

Tintos recomendados

LIMITED SELECTION PINOT NOIR 2002
(Casablanca)
$ 4.890   **84**

La textura de este pinot me invita a recomendárselos. La fruta está algo madura -más frambuesas en mermelada que guindas-, pero el cuerpo es untuoso y con una agradable acidez. Se mueve con gracia por la boca. Dulce.

RESERVE MALBEC 2002
(Colchagua)
$ 3.700   **85**

La nariz no me dice mucho por el momento. Sin embargo, el jugo de cerezas del malbec aparece en la boca para robarse la película. Fresco, de acidez crujiente, un vino ideal para unas tostadas con caponata.

MONTES ALPHA SYRAH 2002
(Colchagua)
$ 7.490   **89**

Me gusta la madurez de este syrah. El dulzor de la fruta se acompaña muy bien, sin exagerar, de las especias dulces y de una acidez que brilla en el paladar. Jugoso, concentrado, taninos presentes, potentes. Muy buen vino.

FOLLY SYRAH 2001
(Colchagua)
$ 43.000   **92**

La segunda cosecha de Folly es aún mejor que la primera. La jugosidad, las moras maduras, el clavo de olor y la canela jugando con una acidez muy agradable y fresca, junto a taninos mucho más domesticados que la primera versión, no sólo hacen más abordable este syrah, sino también más complejo. Mientras en 2000 eran bandadas y bandadas de fruta negra atacando el paladar, este Folly es más sutil, siempre dentro de su lógica de súper extracción. Un vino ideal para golosos. ¿Con qué acompañarlo? No sé. Sólo les puedo decir que piensen en grande.

LIMITED SELECTION CABERNET
SAUVIGNON-CARMENÈRE 2002 (Colchagua)
$ 4.800   84

Simple y abordable. Jugoso y suave. Esta mezcla puede ir perfecta con un sandwich de pernil.

MONTES ALPHA CABERNET SAUVIGNON 2001
(Colchagua)
$ 7.490   89

Echen un vistazo a la jugosidad de este maduro y a la vez fresco cabernet. La lengua baila con esa acidez y con ese jugo de cerezas negras concentrado, firme pero alegre, chispeante. Las notas a pimienta negra le dan hacia el final (y al comienzo en la nariz) su plus de complejidad. Rico tinto.

MONTES M 2001
(Apalta)
$ 45.000   91

Toda la fruta de 2001 condensada en esta súper lograda versión de M. La jugosidad de este joven cabernet se presiente en la nariz con sus notas dulces y especiadas, un matrimonio que ya parece bien ensamblado entre las notas varietales y la madera. Pero en la boca viene la mejor parte. Corpulento, fibroso, muestra aquella estructura de corredor de maratón de los mejores ejemplos de 2001. Decántenlo y vean cómo los taninos evolucionan y se vuelven aún más sedosos. Colchagua (y Apalta) en su máxima expresión.

Blancos no recomendados
Reserve Sauvignon Blanc 2003 (Casablanca)
Reserve Chardonnay 2002 (Curicó)
Montes Alpha Chardonnay 2002 (Casablanca)

Tintos no recomendados
Reserve Merlot 2002 (Colchagua)
Montes Alpha Merlot 2002 (Colchagua)
Reserve Cabernet Sauvignon 2002 (Colchagua)

MONTGRAS

Dirección:	Av. Eliodoro Yáñez 2962, Providencia, Santiago.
E-mail:	andrea.ilabaca@montgras.cl
Teléfono:	(56-2) 520 43 55
Sitio:	www.montgras.cl
Valles:	Colchagua

El estilo de MontGras sigue por el mismo camino: fruta simple, bien madura, dulce, texturas suaves, vinos fáciles de entender. Me gustaría más radicalidad, pero imagino que eso vendrá cuando el cerro Ninquem entre en su etapa adulta. Veremos que pasa. Por el momento, vinos que se beben muy bien en el asado.

Vinos catados:	15
Vinos no recomendados:	8
Vinos recomendados:	7

Tintos recomendados

RESERVA MERLOT 2001
(Colchagua)
$ 5.500   **83**

Simple y directo en la expresión de frutas rojas bien dulces. Sírvanlo bien frío.

RESERVA CARMENÈRE 2001
(Colchagua)
$ 5.500   **84**

También agradable y dulce, la textura de este carmenère es deliciosa, llena de amabilidad.

LIMITED EDITION SYRAH 2002
(Colchagua)
$ 6.500
83

Licoroso y especiado, este syrah tiene taninos que necesitan de un curry de cordero para tranquilizarse.

CABERNET SAUVIGNON 2001
(Colchagua)
$ 2.700
84

Dulce, pero con buenos taninos y acidez que impiden que sea empalagoso. Una buena alternativa para el asado del domingo.

RESERVA CABERNET SAUVIGNON 2001
(Colchagua)
$ 5,500
85

Buena fruta dulce, con especias del tipo canela y con una estructura en la que por el momento los taninos están primando sobre la fruta. Nada que un de trozo de Brie no pueda remediar.

RESERVA CABERNET SAUVIGNON-SYRAH 2002
(Colchagua)
$ 6.500
85

A este vino le hace falta tiempo en botella para calmarse. La fruta dulce, clásica de Colchagua y de MontGras, se ve disminuida ante unos taninos un tanto salvajes. Ahora, con una pulpa de cerdo al horno, o de lo contrario, dentro de un año.

QUATRO RESERVA 2002
(Colchagua)
$ 6.500
87

La clásica mezcla de MontGras ofrece en su versión 2002 una abundante fruta dulce sobre taninos firmes, un vino agradable, simple y directo con todas las condiciones para ser popular.

Blancos no recomendados

Reserva Sauvignon Blanc 2002 (Casablanca)
Chardonnay 2002 (Valle Central)
Reserva Chardonnay 2003 (Colchagua)
Limited Edition Viognier 2002 (Colchagua)

Rose no recomendados

Rosé 2002 (Colchagua)

Tintos no recomendados

Merlot 2001 (Colchagua)
Limited Edition Zinfandel 2001 (Colchagua)
Limited Edition Malbec 2001 (Colchagua)

MORANDÉ

Dirección:	Av. El Valle 601, Of.12 , Ciudad Empresarial, Huechuraba, Santiago.
E-mail:	morande@morande.cl
Teléfono:	(56-2) 270 89 00
Sitio:	www.morande.cl
Valles:	Maipo, Casablanca, Rapel, Maule

A pesar de su extensa línea de vinos -o gracias a ella- la viña Morandé siempre tiene algo interesante que ofrecer, una cartita bajo la manga, alguna novedad. Este año es el Golden Harvest tinto, con una deliciosa cariñena dando originalidad. Sin olvidar el Edición Limitada Malbec que está de chuparse los dedos. Y hay más. Por ningún motivo dejen pasar los grandes reservas merlot y syrah, porque también tienen mucha fruta y complejidad que ofrecer. Sólido Morandé, como es su costumbre. ¿Los eliminados? Bueno, nadie es perfecto.

Vinos catados:	24
Vinos no recomendados:	10
Vinos recomendados:	14

Blancos recomendados

DUETO SAUVIGNON 2003
(Casablanca)
$ 4.100   **85**

Aunque la nariz no me parece muy expresiva, la boca tiene una acidez crujiente y las notas a limas dominan, provocando una agradable jugosidad. Buen ejemplo de Casablanca

TERRARUM SAUVIGNON BLANC 2003
(Casablanca)
$ 3.900   87

Con sus notas a hierbas y a frutas tropicales y su cuerpo generoso construido a partir de una vibrante acidez, este sauvignon habla claramente del frescor del valle. Junto a un cebiche de corvina iría perfecto, sobre todo para un almuerzo de verano.

Tintos recomendados

TERRARUM PINOT NOIR 2002
(Casablanca)
$ 3.900   86

Lo que no tiene en complejidad, este pinot lo tiene en vida. Echen un vistazo a esas notas a cerezas en jugo y a esa acidez que levanta la fruta con intensidad, hablando claramente de la simpleza de los buenos pinot de Casablanca.

TERRARUM MERLOT 2002
(Maipo)
$ 3.900   84

Jugoso, suave, simple y enfocado en las cerezas negras, este merlot tiene todo lo que un almuerzo de día de semana puede pedir. Y si hay cazuela, mejor.

VITISTERRA GRAND RESERVE MERLOT 2002
(Maipo)
$ 5.100   89

Cargado este merlot. Pimienta negra, buena concentración, frutas licorosas. Pero no se trata de un tinto extremadamente dulce ni sobre maduro. Aquí hay vitalidad, los taninos se mueven sosteniendo el peso de la fruta, mientras la acidez otorga frescor. Un muy logrado merlot, en un país en donde el buen merlot no abunda.

TERRARUM CARMENÈRE 2002
(Maipo)
$ 3.900   85

Jugoso, concentrado, rico y abordable. Nada en este carmenère habla de notas vegetales. Bueno. Y simple.

EDICIÓN LIMITADA CARMENÈRE 2002
(Maipo)
$ 9.200   87

Jugoso, este vino destaca por su excelente punto de madurez. No sobre maduro, no vegetal. Y eso le da energía, convierte sus taninos en agujas que apenas pinchan, pero que a la vez aportan estructura. Como la cama de un fakir.

EDICIÓN LIMITADA MALBEC 2002
(Maipo)
$ 9.200   88

Morandé tiene una excelente relación con el malbec. Antes que el gran frescor de sus contrapartidas argentinas, este tinto ofrece dulzor, amabilidad, jugo que llena la boca sin hostigar en ningún minuto. Vayan por unas chuletas de cerdo a la parrilla.

GRAN RESERVA VITISTERRA SYRAH 2002
(Maipo)
$ 5.100   89

Este es uno de aquellos vinos que podemos definir como enérgicos, nerviosos. La fruta es viva, negra, fresca. La boca tiene taninos que pinchan sin dañar, sólo estableciendo las bases para que la fruta se exprese, como un puente entre la lengua y el paladar. Vibrante y potente, este syrah merece un buen sandwich de arrollado.

EDICIÓN LIMITADA CABERNET FRANC 2002
(Maipo)
$ 9.200   **87**

Lo primero que siento es la intensidad de la fruta, la forma en que se desliza por el paladar acariciándolo con sus notas a cerezas negras. Los taninos están presentes, pero no se roban la película. Algo corto, al final deja una sensación de vacío. Pero lo anterior me convence.

TERRARUM CABERNET SAUVIGNON 2002
(Maipo)
$ 3.900   **85**

Lo bueno de este cabernet es su transparencia. Habla claro de la variedad. Allí están las especias negras, las frutas también negras y el almíbar de los maduros cabernet del Maipo en 2002. Una sensación dulce queda dando vueltas en el paladar. Buen y abordable tinto.

GRAN RESERVA VITISTERRA CABERNET SAUVIGNON 2001
(Maipo)
$ 5.100   **88**

La gran cosecha 2001 dio vinos como estos, frescos y a la vez maduros. Llenos de vitalidad que no se basa en su acidez, sino que más bien en la forma en que la fruta se expresa. Un año menos cálido que 1999 le da a este cabernet una cierta frugalidad primaveral. La boca, eso sí, tiene carga. Hay power.

EDICIÓN LIMITADA SYRAH-CABERNET SAUVIGNON 2002
(Maipo)
$ 9.200   **86**

Aquí hablamos de un vino aún muy joven. La madera manda en la nariz. Y en la boca esa nota tostada deja espacio para que las frutas negras se expresen. Hay clavo de olor y canela de syrah, además de cerezas negras de cabernet. Es corto, pero mientras dura, dura bien.

EDICIÓN LIMITADA GOLDEN RESERVE 2001
(Maipo)
$ 12.900   90

Aromas dulces. La cariñena manda en la nariz con sus ciruelas maduras. En la boca tiene poder, fuerza. Este es un vino que necesitan guardar y ver qué sucede de aquí a un par de años. Yo, por el momento, siento que hay una astringencia que no me convence o que, mejor, me obliga a imaginarla junto a un costillar de cerdo. Y si tiene ají, mejor

Blancos no recomendados
Pionero Sauvignon Blanc 2003 (Curicó)
Pionero Chardonnay 2002 (Maipo)
Terrarum Chardonnay 2002 (Maipo)
Vitisterra Grand Reserve Chardonnay 2002 (Casablanca)
Edición Limitada Uvas Congeladas Chardonnay 2002 (Casablanca)

Tintos no recomendados
Pionero Pinot Noir 2002 (Casablanca)
Dueto Pinot Noir 2002 (Casablanca)
Pionero Merlot 2003 (Rapel)
Pionero Syrah 2002 (Maipo)
Pionero Cabernet Sauvignon 2002 (Maipo)

NIDO DE ÁGUILA

Dirección:	Francisco Chacón 807, Of. 4, Talagante.
E-mail:	vnidodeaguila@terra.cl
Teléfono:	(56-2) 815 22 15
Sitio:	En construcción
Valles:	Maipo

Localizado en el Maipo occidental, los vinos de Nido de Aguilas me recuerdan a los adolescentes impetuosos que quieren demostrar de una vez por todas sus habilidades. En ese contexto, la fruta abundante pero todavía hermética de sus vinos, necesita de paciencia. Yo los descorché todos, pero siempre tuve que esperar a que el oxígeno permitiera mostrar el carácter de los vinos. Ustedes no tienen que cometer semejantes infanticidios.

Vinos catados:	4
Vinos no recomendados:	2
Vinos recomendados:	2

Tintos recomendados

RESERVA CABERNET SAUVIGNON 2002
(Maipo)
$ 3.990   **83**

Un poco de paciencia. Decanten este vino para que el oxígeno libere la fruta atrapada entre gruesos taninos. Van a llevarse una sorpresa.

**RESERVA CABERNET SAUVIGNON-
MERLOT-CABERNET** Franc 2002 (Maipo)
$ 3.990   **84**

Nuevamente lo mismo. Denle tiempo en la copa. O decántenlo. Verán cómo la fruta se expresa con mayor personalidad. Hay arándanos y frambuesas maduras. Rico.

Tintos no recomendados
Reserva Merlot 2002 (Maipo)
Reserva Syrah 2002 (Maipo)

ODFJELL

Dirección:	Camino Viejo a Valparaíso 7000, Padre Hurtado, Región Metropolitana.
E-mail:	info@odfjellvineyards.cl
Teléfono:	(56-2) 811 15 30
Sitio:	www.odfjellvineyards.cl
Valles:	Maipo, Maule

De Odfjell siempre me ha llamado la atención el frescor de la fruta. Alejados de toda esa manía por extraer y concentrar, esta bodega privilegia la madurez y la expresión de la fruta, elaborando vinos simples y amables con la comida. Aliara, el nuevo top de la casa, es un buen resumen. Sin caer en la tentación de diseñar una mermelada de moras, este vino es elegante y enfocado en su fruta. Confiable Odfjell.

Vinos catados:	7
Vinos no recomendados:	4
Vinos recomendados:	3

Tintos recomendados

ARMADOR SYRAH 2002
(Colchagua)
$ 5.400   86

Aunque la nariz es algo austera, tímida en romas, este syrah saca las garras en la boca con un cuerpo lleno de estructura y gusto a moras madurísimas. Rico.

ORZADA CABERNET SAUVIGNON 2001
(Maipo)
$ 9.800   87

Harta madera por el momento, sobre todo en la nariz. Es en la boca
donde uno se da cuenta de que hay que esperar y abrir una de estas
botellas dentro de un par de años. La jugosidad y la fuerza de la fruta lo
merecen.

ALIARA 2000
$ 18.000   88

La fineza de los taninos conmueve. Pinchando la lengua con una
suavidad perfecta, levantan la fruta y la vuelven aún más fresca, más
llena de vida. Sin pretender ser el súper concentrado tinto, esta mezcla
ofrece vitalidad. Y eso me parece más que suficiente.

Tintos no recomendados
Armador Merlot 2002 (Valle Central)
Armador Carmenère 2002 (Maule)
Cabernet Sauvignon 2001 (Maipo)
Orzada Cabernet Franc 2001 (Maule)

CASAS PATRONALES

Dirección:	San Pio X 2460, Of. 404
	Providencia, Santiago.
E-mail:	comercial@casaspatronales.com
Teléfono:	(56-2) 210 69 30
Sitio:	www.casaspatronales.com
Valle:	Maule

La viña Casas Patronales tienen 250 hectáreas plantadas en San Clemente, 18 kilómetros al Este de la ciudad de Talca, en el valle del Maule. Para el debut en el Descorchados, Casas Patronales presenta una serie de vinos sencillos, marcados por la expresión de su fruta. Según creo, una forma honesta de debutar.

Vinos catados:	7
Vinos no recomendados:	4
Vinos recomendados:	3

Tintos recomendados

CABERNET SAUVIGNON 2002
(Maule)
$ 3.000   **83**

En la nariz mandan las notas a pimienta negra, pero en la boca es dulce y amable. Simple y abordable cabernet maulino, sobre todo con prietas y puré.

RESERVE CABERNET SAUVIGNON 2001
(Maule)
$ 5.000   84

Aquí la ambición es mayor. Una
mejor selección de fruta -o un mejor
tratamiento en la bodega- han
diseñado un cabernet especiado,
levemente dulce, con una textura
firme y un cuerpo medio agradable.

CABERNET SAUVIGNON-CARMENÈRE 2002
(Maule)
$ 3.000   87

Dulce, licorosos, con una textura envidiable que, presumo, viene del
suave carmenère. Este vino se expande por la lengua, acariciando con
sus taninos dulces y su cuerpo medio a ligero. Muy bien hecho.

Blancos no recomendados
Sauvignon Blanc 2003 (Maule)
Chardonnay 2003 (Maule)

Tintos no recomendados
Merlot 2002 (Maule)
Carmenère 2002 (Maule)

SAN PEDRO

Dirección:	Av. Vitacura 4380, piso 6, Vitacura, Santiago.
E-mail:	info@sanpedro.cl
Teléfono:	(56-2) 477 53 00
Sitio:	www.sanpedro.cl
Valle:	Curicó

La línea 1865 se consolida como la más lograda apuesta de este año en San Pedro. Vinos caros, por cierto, pero que con su concentración en gusto a fruta y su elegancia llena de fuerza definitivamente valen lo que cuestan. Además, un par de sauvignon blanc bien diseñados y un chardonnay para golosos. Buena muestra la de San Pedro.

Vinos catados:	17
Vinos no recomendados:	8
Vinos recomendados:	9

Blancos recomendados

GATO BLANCO SAUVIGNON BLANC 2003
(Valle Central)
$ 1.100   **81**

Simple, con una nariz casi floral y un cuerpo ligero y fresco, este sauvignon va bien como aperitivo, junto a unas machas.

35 SUR SAUVIGNON BLANC 2003
(Valle Central)
$ 2.290   **83**

En la nariz las hierbas y las notas a duraznos blancos dominan en una buena intensidad. En la boca, la acidez crea una sensación jugosa que es el mejor detalle en este sauvignon.

LAS ENCINAS RESERVA CHARDONNAY 2002
(Casablanca)
$ 3.900

87

Tras la fuerte presencia de la barrica y de la maloláctica subyace una fruta madura y profunda que se traslada al paladar convertida en plátano y chirimoyas. Un chardonnay no apto para cardíacos.

Tintos recomendados

GATO NEGRO CARMENÈRE 2003
(Valle Central)
$ 1.100

83

Un adorable carmenère, lleno de suavidad y fruta dulce. Les va a gustar, sobre todo acompañando a un pollo estofado.

1865 CARMENÈRE 2001
(Maule)
$ 14.500

87

Otro logrado carmenère. En este caso, sin embargo, la ambición es mucho mayor. Aunque en la nariz y en la boca la madera tiene mucha importancia, me convence la jugosidad que hay detrás, las frutas maduras y el frescor de esas guindas.

35 SUR CABERNET SAUVIGNON 2003
(Lontué)
$ 2.290

83

Hay una cierta rudeza en los taninos que no alcanza a ser enmascarada por el dulzor de la fruta. Sin embargo, esas cerezas agradan, sobre todo porque se mueven al compás de una fresca acidez.

CASTILLO DE MOLINA RESERVA CABERNET SAUVIGNON 2002
(Lontué)
$ 4.900   87

Recio, con una fuerza que viene de la fruta y no del alcohol, este cabernet se mueve entre las especias y las notas a cassis. Bueno para una carne a la parrilla.

1865 CABERNET SAUVIGNON 2001
(Maipo)
$ 14.500   89

Y las cosas se ponen serias. Este cabernet es una bomba de sabores. Especiado, con los toques de la madera todavía presentes, pero perdiendo protagonismo ante el excelente peso de la fruta que la lengua sostiene apenas. Muy logrado. Vayan por cordero.

CABO DE HORNOS CABERNET SAUVIGNON 2000
(Lontué)
$ 34.000   87

La suavidad de este cabernet es consecuente con un 2000 que se caracterizó por altos rendimientos en el Valle Central. Aquí hay balance en un vino que, más que potente, es elegante.

Blancos no recomendados
Las Encinas Reserva Sauvignon Blanc 2002 (Curicó)
Gato Blanco Chardonnay 2003 (Valle Central)
35 Sur Chardonnay 2003 (Valle Central)

Tintos no recomendados
Castillo de Molina Pinot Noir 2002 (Lontué)
Gato Negro Merlot 2003 (Valle Central)
Castillo de Molina Reserva Merlot 2002 (Lontué)
Gato Negro Syrah 2003 (Valle Central)
Gato Negro Cabernet Sauvignon 2003 (Valle Central)

P

PÉREZ CRUZ

Dirección:	Estado 337, Of. 825, Santiago.
E-mail:	wines@perezcruz.com
Teléfono:	(56-2) 639 96 22
Sitio:	www.perezcruz.com
Valle:	Maipo.

Asesorada por el enólogo Alvaro Espinoza, la familia Pérez Cruz lanza la primera camada de vinos que provienen de 140 hectáreas plantadas en Huelquén, valle del Maipo. Me han dicho que la bodega es impresionante y que la inversión busca posicionar sus vinos en los segmentos altos de precios y de calidad. Imagino que pronto visitaré esta bodega y cataré in situ los vinos. Pero por mientras, catados a ciegas, los tintos de Perez Cruz me resultan altamente recomendables. Aunque, como es evidente, todavía están faltos de profundidad. Tienen fuerza, lo que les falta ahora es mantenerla, un detalle que vendrá con el tiempo. Hay que estar atentos

Vinos catados:	5
Vinos no recomendados:	0
Vinos recomendados:	5

Tintos recomendados

RESERVA LIMITED EDITION
CARMENÈRE 2002 (Maipo)
$ 10.900   **85**

Potente y a la vez dulce, no hay trazos de tonos vegetales, pero sí leves toques terrosos que le dan complejidad. La boca se siente fuerte, mientras que los taninos se mueven al compás de la acidez dándo, por fin, algo de frescor. Logrado.

RESERVA COT 2002
(Maipo)
$ 10.900

85

Una de dos: o lo decantan o no abren esta botella hasta dentro de dos años. Por el momento es un caos de taninos y fruta. Buen vino, pero necesita tiempo.

RESERVA LIMITED EDITION SYRAH 2002
(Maipo)
$ 10.900

85

Canela y frambuesas maduras se mueven en la nariz y en la boca de este jugoso syrah. Vale la pena, con un filete mongoliano.

RESERVA CABERNET SAUVIGNON 2002
(Maipo)
$ 5.900

84

Algo rústico en sus taninos, la fruta es golosa y dulce. Tengan a mano un trozo de queso camembert.

LIGUAI 2002
(Maipo)
$ 17.500

87

Sin duda el más logrado de los vinos de Pérez Cruz. Este tinto fusiona las notas a canela y vainilla de la barrica con la fruta súper madura y unos taninos suaves y golosos. Buena profundidad de fruta. Agradable de beber.

P

PORTAL DEL ALTO

Dirección:	Camino el Arpa 119, Alto Jahuel, Buin.
E-mail:	vinos@portaldelalto.cl
Teléfono:	(56-2) 821 91 78
Sitio:	www.portaldelalto.cl
Valle:	Maule, Maipo, Colchagua.

Siguiendo la lógica de vinos amables, enfocados en la expresión de la fruta, y con altos como el Gran Reserva Carmenère 2002, Portal del Alto muestra lo que sabe: tintos amables que se entienden y se disfrutan. Y eso es bueno.

Vinos catados:	10
Vinos no recomendados:	7
Vinos recomendados:	3

Tintos recomendados

GRAN RESERVA CARMENÈRE 2002
(Maule)
$ 5.000   87

Un muy buen logrado carmenère. Maduro sin caer en la sobre madurez, las notas a cerezas negras se unen en la boca con especias dulces de la barrica. Todo bailando alrededor de una textura suave como sólo el carmenère puede conseguir.

RESERVA CABERNET SAUVIGNON 2001
(Maule)
$ 3.900   84

La suavidad de este cabernet conmueve. Sin ser dulce, la madurez de la fruta ofrece esa sensación de dulzor que se proyecta a la textura, haciéndolo amable en extremo.

GRAN RESERVA CABERNET SAUVIGNON 2001
(Maipo)
$ 5.000

85

En este cabernet la madera es más notoria. La pimienta negra y los toques tostados se sienten por sobre las notas a arándanos. El paladar es tenso. Necesita más tiempo para desarrollarse y dejar que los taninos apoyen la fruta en vez de esconderla.

Blancos no recomendados

Sauvignon Blanc 2003 (Maipo)

Reserva Chardonnay 2002 (Maule)

Gran Reserva Chardonnay 2001 (Maipo)

Late Harvest Moscatel Sauvignon Blanc 2001 (Maipo)

Tintos no recomendados

Reserva Merlot 2001 (Maule)

Gran Reserva Merlot 2001 (Maipo)

Gran Reserva Syrah 2002 (Colchagua)

EL PRINCIPAL

Dirección:	Napoleón 3037, Of. 81.
	Las Condes, Santiago.
E-mail:	vinaep@ctcinternet.cl
Teléfono:	(56-2) 242 98 00
Sitio:	En construcción
Valle:	Maipo

Aunque la familia Valette abandonó El Principal, un proyecto que iniciara en 1998 Jean Paul Valette y que continuara su hijo Patrick en 2000, la versión 2001 de este magnífico vino de Pirque es el legado de estos bordoleses en Chile. Y vaya qué legado. Patrick tuvo a su cargo esta cosecha y radicalizó el terroir que tanto amaba su padre. En cierta medida lo estrujó para dar con dos vinos en extremo concentrados, con una madurez rara vez vista en la escena de vinos chilena. Prefiero no contarles más. Vayan y prueben este par de golosos tintos.

Vinos catados:	2
Vinos no recomendados:	0
Vinos recomendados:	2

Tintos recomendados

MEMORIAS 2001
(Maipo)
$ 12.500   **91**

A pesar de su categoría de *deuxième vin*, este Memorias se las trae por su concentración y por su madurez. Menos cargado que El Principal, Memorias tiene un mejor balance. Es menos impresionante, menos dramático, menos rudo, pero mucho más elegante. Es,

MEMORIAS

Valette Fontaine

D.O. VALLE DEL MAIPO
PIRQUE-CHILE

14,6% by vol.   2001   75 cl.

en definitiva, un vino más accesible en el corto plazo (corto plazo según los estándares de El Principal, lo que significa, según mi opinión, cinco años). Aquí la madurez también bordea el extremismo. Paciencia.

EL PRINCIPAL 2001
(Maipo)
$ 24.500   92

Súper maduro, al borde del exceso, en aquella frágil frontera entre la madurez y la sobre madurez. Decidan ustedes. Yo, mientras tanto, apelo a mi espíritu goloso para disfrutar de la enorme carga frutal de este tinto. La boca es híper concentrada, con la potencia de un almíbar. Es cierto, puede cansar. Es complejo tratar de relacionarlo con comida y, más difícil aún, pasar de la segunda copa sin hacer una larga pausa. Pero toda esa potencia y esa concentración me llevan a esto: no se les ocurra abrir este vino ahora. Compren una caja y guárdenla durante unos cinco años. Vean lo que pasa. Y me cuentan. No sean infanticidas como yo lo he sido. Aquí hay vino para mucho rato pero, por lo mismo, se necesita mucha paciencia

CLOS QUEBRADA DE MACUL

Dirección:	Av. Consistorial 5900, Peñalolén, Santiago.
E-mail:	vogt@domusaurea.cl
Teléfono:	(56-2) 284 82 71
Sitio:	En construcción
Valles:	Casablanca, Maipo

Me cuesta hablar de Quebrada de Macul ahora que Ignacio Recabarren ya no está allí, alucinando con esas parras de treinta años plantadas a los pies de Los Andes. Es complejo no sólo por el hecho de que para mí era su proyecto más personal, sino también porque desde su partida no hay una cara visible que responda ante esa tremenda responsabilidad de ser los depositarios del terroir con más historia y prestigio del Maipo. Y, claro, de Chile. Sin embargo, los vinos de Quebrada de Macul siguen sólidos. El sentido de origen sigue mandando. A pesar de que cato a ciegas, fue demasiado evidente el carácter de los vinos de esta bodega. La tarea es ver qué sucederá cuando la mano de Ignacio ya no esté presente. En 2001 aún se siente, pero 2002 será el momento de descubrir cuánto de personal y de terroir había en este proyecto. Será una espera inquietante.

Vinos catados:	2
Vinos no recomendados:	0
Vinos recomendados:	2

Tintos recomendados

PEÑALOLÉN CABERNET SAUVIGNON 2000
(Maipo)
$ 6.200   **87**

Lo primero que se me viene a la cabeza cuando siento la nariz de este Peñalolen es mentolatum. Una ráfaga de mentol inunda la boca y la verdad es que no deja mucho espacio para que algo más se exprese. En la boca, sin embargo, hay más que menta. La generosidad de los grandes tintos de la Quebrada de Macul, se muestra aquí poco pero se muestra. Hay balance, jugosidad y una rica textura suave, casi gelatinosa. Bueno.

DOMUS AUREA CABERNET SAUVIGNON 2001
(Maipo)
$ 32.000   90

En la nariz las notas a eucaliptos y mentol se ensamblan con los cherries y la pimienta negra. Una gran nariz que aún necesita tiempo para desarrollarse y ofrecer más complejidad. Evidentemente la boca es distinta a la versión de 1999. La fuerza de esa cosecha se ha transformado en delicadeza. Los taninos se mueven con gracia, como bailando en puntillas sobre la lengua, mientras detrás, las especias y el mentol se conjugan con los cherries. Todo es suavidad, a medio tono, con elegancia, pero también con distancia. Es un vino muy joven. Vean qué pasa de aquí a un par de años.

QUINTAY

Dirección:	Casilla 53, Casablanca.
E-mail:	vinaquintay@vinaquintay.cl
Teléfono:	(56-32) 743 300
Sitio:	www.vinaquintayecovine.cl
Valles:	Casablanca.

El proyecto orgánico de Jorge Morandé, en Casablanca, es otro de los debut en este Descorchados. Un comienzo vacilante que todavía necesita de mayor afinación. Me quedo con el Chardonnay Reserva y su textura seductora que recuerda a frutas blancas bien maduras. Los otros necesitan de más trabajo. Estemos atentos a la evolución de Quintay.

Vinos catados:	3
Vinos no recomendados:	2
Vinos recomendados:	1

Blanco recomendado

RESERVA ESPECIAL CHARDONNAY 2002
(Casablanca)
$ 7.700 **86**

Maduro, cremoso, simple. La fruta se muestra a través de plátanos y piñas maduras, mientras que la sedosidad en la boca es un gran punto a su favor. El balance entre dulzor y acidez está muy logrado. Buen chardonnay.

Blancos no recomendados
Reserva Especial Sauvignon Blanc 2002 (Casablanca)

Tintos no recomendados
Reserva Especial Pinot Noir 2002 (Casablanca)

REQUINGUA

Dirección:	Fundo Requingua s/n
	Sagrada Familia, Curicó.
E-mail:	ventas@requigua.cl
Teléfono:	(56-2) 334 29 86
Sitio:	www.requingua.cl
Valles:	Curico

Toda una sorpresa curicana esta Viña Requingua. Sus aún no muy logrados blancos contrastan fuertemente con el nivel de los tintos, sobre todo en las dos líneas top de la bodega: Toro de Piedra y San Simón, vinos que no solamente muestran generosidad frutal, sino también complejidad, algo no siempre común en viñas que recién aparecen en el mercado masivo. Pongan atención a lo que viene. Es bueno.

Vinos catados:	6
Vinos no recomendados:	3
Vinos recomendados:	3

Tintos recomendados

PUERTO VIEJO MERLOT 2001
(Curicó)
$ 3.500   83

Por el momento, demasiados toques de tostado inundan la nariz y no dejan que la fruta se exprese. Si ponen atención, en la boca las cosas mejoran. Esperen unos meses antes de abrir este merlot.

TORO DE PIEDRA CABERNET SAUVIGNON 2002
(Curicó)

$ 5.500   88

A pesar de su juventud, yo les recomendaría que abrieran esta botella
para sentir la madurez de la fruta. Aquí hay fuerza. Los taninos aún
no están del todo amables, pero esa frutosidad es algo que deben
aprovechar ahora. Más adelante tendrán otras cosas, pero ya no
tendrán esta fuerza.

SAN SIMÓN 2000
(Curicó)

$ 8.500   89

Extremo en su madurez, las notas a regaliz y licor envuelven la nariz
con fuerza. En la boca, la potencia de los taninos está disfrazada de
dulzor y la concentración en gusto a fruta es potente.

Blancos no recomendados
Los Riscos Chardonnay 2003 (Curicó)

Tintos no recomendados
Los Riscos Merlot 2002 (Curicó)
Puerto Viejo Cabernet Sauvignon 2002 (Curicó)

SANTA RITA

Dirección:	Av. Apoquindo 3660, piso 6, Las Condes, Santiago.
E-mail:	info@santarita.cl
Teléfono:	(56-2) 362 20 00
Sitio:	www.santarita.cl
Valles:	Maipo, Casablanca, Rapel

Llegó la hora de Santa Rita. Luego de ya varios años en que la dupla enológica entre Cecilia Torres y Andrés Ilabaca se encontraba en proceso de afiatamiento (lanzando grandes vinos en el intento), hoy siento que se ha llegado a una armonía total que se traduce en la más consistente de las entregas de este año en el Descorchados. Salvo pequeños excepciones, ustedes pueden ir a la segura. Aquí hay súper vinos. No más palabras y a probar.

Vinos catados:	24
Vinos no recomendados:	9
Vinos recomendados:	15

Blancos recomendados

RESERVA ESPECIAL SAUVIGNON BLANC 2003 (Lontué)
$ 3.200   **82**

Fresco como un atardecer de septiembre en la playa, este sauvignon es pura simpleza. Perfecto como aperitivo.

MEDALLA REAL SAUVIGNON BLANC 2003 (Casablanca)
$ 4.200   **87**

En la nariz hay notas a duraznos blancos y una madurez que destaca. Pero lo mejor de todo es la acidez de este jugosísimo sauvignon. Van a salivar con ese gusto a limones en mermelada. Hacia el final se siente la calidez del alcohol, pero no alcanza a arruinar la fiesta.

CASA REAL SAUVIGNON BLANC 2002
(Rapel)
$ 6.500

82

Fresco, con notas a hierbas y levemente dulce en la boca. Ligero, ataca el comienzo del paladar con jugosidad y buena acidez pero luego, hacia la mitad, se desvanece. Disfrútenlo mientras dure.

FLORESTA SAUVIGNON BLANC 2002
(Casablanca)
$ 11.00

87

Los aromas verdes mandan, dando un frescor rudo, casi violento. En la boca tiene un peso bastante importante y una acidez agradable que hace salivar. Nuevamente termina algo corto, pero en fin. Vayan por un cebiche de reineta y asunto arreglado.

TRES MEDALLAS CHARDONNAY 2003
(Casablanca)
$ 1.500

83

Lo que me gusta de este chardonnay es la intensidad de su boca. Sin perder el frescor, se sienten las notas a plátanos que quedan dando vueltas por un buen rato. La nariz es austera, pero la boca compensa esa austeridad. Bueno.

Tintos recomendados

MEDALLA REAL MERLOT 2002
(Maipo)
$ 4.200

84

La madera manda en la nariz y en la boca con sus notas a toffees y vainilla, pero tras esa madera hay una fruta honesta, madura. Y taninos. Un vino comercial. O pop, si prefieren.

MEDALLA REAL CARMENÈRE 2001
(Maipo)
$ 4.200   85

Las notas animales conviven en la nariz con cerezas rojas maduras,
mientras en la boca es pura suavidad. Un final largo y dulce completan
el cuadro de este buen carmenère.

CEPAS FINAS CABERNET SAUVIGNON 2002
(Valle Central)
$ 2.800   83

Dulce, suave, amable, con una textura ligera. Más que terciopelo, esto
se siente como seda. Se trata de un cabernet simple, ideal para el
almuerzo de todos los días.

RESERVA ESPECIAL CABERNET SAUVIGNON 2002
(Maipo)
$ 3.200   84

Aprovechen ahora la jugosidad de este rico y simple cabernet. Las
notas a canela se mezclan con las cerezas negras y la boca es ligera
pero con un notable gusto a frescas frutas negras.

MEDALLA REAL CABERNET SAUVIGNON 2001
(Maipo)
$ 4.000   88

La nariz es pura fruta roja madura en estado de súper expresión. Una
pequeña bomba aromática que se traslada a la boca con sus notas a
especias. La fruta voluptuosa obliga a que la lengua cargue un buen
peso. Los taninos dulces hacen de este 2001 un cabernet del Maipo
clásico.

CASA REAL CABERNET SAUVIGNON 2000
(Maipo)
$ 6.500   86

La madera comienza a fundirse con la fruta y eso se nota en la
complejidad de este buen 2000. En la boca es un jugo de taninos. Al
final queda una seductora nota a especias dulces. Nada mejor para un
curry de cordero.

MEDALLA REAL CABERNET SAUVIGNON-SYRAH 2000
(Maipo)
$ 4.200

87

Las guindas ácidas de la nariz se funden con un leve toque vegetal que no distorsiona el carácter fresco de los aromas de esta mezcla tinta. La boca es nerviosa en su acidez, lo que lleva a que las notas a clavo de olor y curry se sientan aún más evidentes. Otro muy buen vino.

FLORESTA CABERNET SAUVIGNON MERLOT 2000
(Maipo)
$ 17.000

91

La potencia descontrolada de esta estupenda mezcla 2000 se siente desde el comienzo, cuando el vino apenas ha entrado en la boca y todo se vuelve una fiesta de taninos, cerezas negras, alcohol, acidez, dulzor. Toda una caótica revolución que la lengua no capta. Denle unos minutos de aire a la copa (o decanten el vino) y verán cómo todo esto se vuelve de una complejidad total. Se ordena, se civiliza. Nuevamente cordero.

TRIPLE C 1999
(Maipo)
$ 24.000

91

La cosecha de 1999 sigue siendo un misterio para mí. Mientras, por un lado, muchos grandes vinos se han ido a las pailas, otros –como éste estupendo Triple C- se mantienen y dan esperanzas. Fue un año demasiado cálido y ese gran detalle se nota aquí en el alcohol y en la densidad de la fruta madura en extremo. Pura potencia y, a veces, hasta violencia en los taninos. Este Triple todavía necesita al menos dos o tres años en botella para calmarse a sí mismo.

CASA REAL RESERVA ESPECIAL CABERNET
SAUVIGNON 2000 (Maipo)
$ 28.000

92

Veamos. Hasta donde recuerdo, la cosecha 2000 fue una pesadilla de cuerpos ligeros y frutas sin madurez. En ese contexto, este vino es un bicho raro. La fruta fresca, profunda, especiada, potentísima, se proyecta en la boca como un bombón relleno de mermelada de guindas. No sé si me entienden. Madurez, pero a la vez fruta ácida.

Abran una botella ahora, si el presupuesto se los permite. Pero no pierdan la oportunidad de guardar dos o tres ejemplares para la próxima década. Imprescindible.

Blancos no recomendados

Cepas Finas Sauvignon Blanc 2002 (Lontué)
Cepas Finas Chardonnay 2002 (Valle Central)
Reserva Especial Chardonnay 2002 (Maipo)
Medalla Real Chardonnay 2002 (Casablanca)
Casa Real Chardonnay 2002 (Casablanca)

Rosé no recomendados

Rosé Cabernet Sauvignon 2003 (Valle Central)

Tintos no recomendados

Cepas Finas Merlot 2002 (Rapel)
Reserva Especial Carmenère 2002 (Rapel)
Tres Medallas Cabernet Sauvignon 2002 (Valle Central)

CASA RIVAS

Dirección:	Av. Pedro de Valdivia 555 Of. 512, Providencia, Santiago.
E-mail:	oficinacentral@casarivas.cl
Teléfono:	(56-2) 225 45 06
Sitio:	www.casarivas.cl
Valles:	Maipo

El equipo de asesorías enológicas de Alvaro Espinoza puso sus manos en Casa Rivas hace ya casi dos años. Y los resultados han sido más que auspiciosos. En esta entrega ya esa asesoría es evidente. La mano de Espinoza y Carlos Faúndez se siente en estos vinos potentes, súper extractivos, como si estrujaran la fruta hasta sacarle lo mejor que tiene. Por lo mismo, la mayoría de los vinos recomendados son más bien pensados para la guarda. Jóvenes aún, son impetuosos, caóticos y salvajes. El tiempo pondrá orden en ellos, todos muy buenos por cierto.

Vinos catados:	10
Vinos no recomendados:	2
Vinos recomendados:	8

Blancos recomendados

CHARDONNAY 2003
(Maipo)
$ 2.500   83

Simple y fresco, la acidez jugosa de este chardonnay lo hace un buen compañero de un congrio frito.

RESERVA CHARDONNAY 2002
(Maipo)
$ 4.500   84

A pesar de llevar el apelativo Reserva, este vino es generoso en frescor. No hay abusos y lo que se respeta es la frugalidad de un vino simple y primaveral.

MERLOT 2002
(Maipo)
$ 2.500

83

Un jugoso y fresco tinto. El cuerpo tiene taninos suaves, pero que dejan sentir su presencia junto con el gusto a cerezas negras. Rico y simple.

RESERVA MERLOT 2002
(Maipo)
$ 4.500

84

Un potente tinto. Denle aire para que la fruta pueda respirar y aparecer entre los taninos. Se darán cuenta de que este merlot, híper cerrado y austero, se vuelve un gatito de jugosidad. Mejor si tienen a mano un camembert, para el gato.

CARMENÈRE 2002
(Maipo)
$ 2.500

87

Potente carmenère. En la nariz es aún algo austero, aunque uno puede ver esa lado a hierbas y a cerezas de los buenos exponentes de la cepa. La boca es compacta, con la tensión de los taninos luchando contra la fruta. Aquí hay materia.

GRAN RESERVA CARMENÈRE 2002
(Maipo)
$ Aún no en el mercado

88

Otro tinto que necesita, o tiempo en botella o una buena decantación. Si optan por lo último, podrán disfrutar de los kilos y kilos de cerezas ácidas que encierran esos taninos en la boca. Un muy bien logrado carmenère.

CABERNET SAUVIGNON 2002
(Maipo)
$ 2.500   87

Súper compacto y duro, cerrado, demasiado joven para mostrar su fruta, este vino es un torrente de taninos que enmascaran una fruta deliciosa y fresca. Directo a la cava. No se tienten.

RESERVA CABERNET SAUVIGNON 2002
(Maipo)
$ 4.500   88

Más de lo mismo. Estos infantes súper poderosos necesitan tiempo. O, si lo prefieren, un buen filete a la pimienta o un confit de ganso o una pierna de cordero para calmar esos taninos.

Blancos no recomendados
Sauvignon Blanc 2003 (Maipo)

Rosé no recomendados
Rosé 2003 (Maipo)

LA ROSA

Dirección:	Coyancura 2283, Of. 602, Providencia, Santiago.
E-mail:	vinalarosa@larosa.cl
Teléfono:	(56-2) 670 06 00
Sitio:	www.larosa.cl
Valles:	Rapel

La Rosa es quizás uno de los más logrados ejemplos de estilo. Vinos con mucha fruta, generosamente diseñados para beberlos en el corto plazo o para acompañar, las más temibles comidas. Así ha sido desde sus inicios. Sin embargo, es importante agregar que con el cabernet sauvignon de Cachapoal se sienten ganas de llegar más alto. En la línea Don Reca, por ejemplo, se notan bastante los taninos junto a la siempre madura y apetitosa fruta. Hay más fuerza, más peso.

Vinos catados:	13
Vinos no recomendados:	8
Vinos recomendados:	5

Tintos recomendados

LA CAPITANA MERLOT 2002
(Rapel)
$ 4.500   85

Jugoso, simple, amable en la boca, con un dulzor de fruta que se siente hacia el final y unos taninos suaves como el chocolate. Un merlot con cara de carmenère. Les va a gustar.

DON RECA MERLOT 2002
(Rapel)
$ 8.060

86

Jugado en la madurez de la fruta, pero sin perder ese lado fresco del merlot-carmenère en Chile, este tinto se mueve con gracia. La textura en la boca es suave y el peso de la fruta se siente. Un vino equilibrado y muy bien hecho.

LA CAPITANA CABERNET SAUVIGNON 2002
(Rapel)
$ 4.030

84

Jugoso, simple, la fruta se mueve con frescor y vivacidad a lo largo de toda la boca. Una suerte de ducha fría para la lengua.

DON RECA CABERNET SAUVIGNON 2002
(Rapel)
$ 8.060

87

Me gusta la profundidad de la fruta, la forma en que uno primero huele madera pero después moras y cerezas maduras. El carácter de esa fruta se mezcla en la boca con unos taninos punzantes, levemente astringentes. Nada que un año en botella o un costillar de vacuno no puedan remediar.

DON RECA MERLOT-CABERNET SAUVIGNON 2002
(Rapel)
$ 8.060

87

Otro vino para dejar en paz por un año. O dos, si prefieren. Los taninos se roban la película, pero hay buena fruta detrás para aguantar el paso del tiempo. No mucho. La idea es abrir esta botella cuando se pueda comer con ella un buen bife de chorizo y no cuando ya no queden más que taninos secantes. ¿Que cómo lo saben? Compren unas cuantas botellas y ábranlas de tanto en tanto.

Espumantes no recomendados
La Palma Brut Chardonnay 2001 (Rapel)

Blancos no recomendados
Sauvignon Blanc 2003 (Rapel)
La Palma Chardonnay 2003 (Rapel)
La Capitana Chardonnay 2002 (Rapel)
Don Reca Limited Release Chardonnay 2002 (Rapel)

Rosé no recomendados
La Palma Rosé Merlot Cabernet Sauvignon 2003 (Rapel)

Tintos no recomendados
La Palma Merlot 2002 (Rapel)
La Palma Cabernet Sauvignon 2002 (Rapel)

BARÓN PHILIPPE DE ROTHSCHILD

Dirección:	Camino a Viluco s/n
	Maipo, Buin.
E-mail:	fdegeloes@bphr.cl
Teléfono:	(56-2) 821 02 00
Sitio:	www.bpdr.com
Valles:	Rapel, Maipo, Casablanca

El rudo Reserva Cabernet Sauvignon 2002 es una excepción. La regla me dice que Baron Philippe de Rothschild en Chile, como con esta misma línea en Francia, ofrece vinos simples de entender, ricos en frutas y listos para beberse apenas se compran en el súpermercado. Todo eso, por cierto, no tiene nada de malo. Es una opción que muchos toman y que es difícil de seguir con éxito. Gracias a los excelentes viñedos con los que cuenta este socio de Concha y Toro, los vinos de Baron Philippe de Rothschild se manejan bien en las ligas de la fruta y la simplicidad.

Vinos catados:	7
Vinos no recomendados:	3
Vinos recomendados:	4

Tintos recomendados

MERLOT 2002
(Valle Central)
$ 2.200   **83**

Más que complejo, elegante o concentrado, este vino es simpático, suave, amable y jugoso.

RESERVA CARMENÈRE 2002
(Rapel)
$ 3.000   **84**

Otro simple y súper abordable tinto. La gracia aquí es el dulzor de las cerezas y frambuesas que no cansa gracias a una muy lograda acidez.

RESERVA CABERNET SAUVIGNON 2002
(Maipo)
$ 3.000

87

Compren un par de botellas de este robusto cabernet y guárdenlas. Los taninos son violentos, la fruta escondida tras esa agresividad tánica y la acidez por cualquier parte. Sin embargo, todo ese desorden es probable que dé un muy buen vino en el futuro. Digamos dos años.

ESCUDO ROJO 2002
(Maipo)
$ 4.500

87

Maduro, suave, aunque con taninos que se dejan ver y que apoyan la estructura. Un vino elegante, no sobre cargado. Con la armas precisas para acompañar un cordero al palo.

Blancos no recomendados
Chardonnay 2002 (Valle Central
Reserva Chardonnay 2002 (Maipo)

Tintos no recomendados
Cabernet Sauvignon 2002 (Valle Central)

SELENTIA

Dirección:	Viña Angostura s/n, San Fernando. Casilla 425
E-mail:	selentia@entelchile.net
Teléfono:	(56-72) 913 081
Sitio:	www.selentia.cl
Valles:	Colchagua

No es novedad que Selentia, ya en su tercera entrega para el Descorchados, ponga el acento en la fruta más que en la complejidad. Fruta dulce y madura de Colchagua transformada en vinos de muy buen balance. Por cierto que aún espero el gran vino de Selentia, ése que salga de las viejas parras en su viñedo de Angostura, en la frontera norte del valle de Colchagua. Para la espera, aquí va un par de tintos jugosos.

Vinos catados:	4
Vinos no recomendados:	2
Vinos recomendados:	2

Tintos recomendados

CABERNET SAUVIGNON 2002
(Colchagua)
$ 2.890   82

Ligero, suave, sin muchas más pretensiones que las de acompañar a una ensalada César.

RESERVA ARS VINUM CABERNET SAUVIGNON 2001
(Colchagua)
$ 10.800

86

En la nariz hay notas a frutas maduras, en el estilo de frambuesas dulces. Mientras que en la boca se la juega con la jugosidad de su fruta que baña la lengua con frescor.

Blancos no recomendados
Reservado Especial Chardonnay 2002 (Colchagua)
Reserva Chardonnay 2003 (Colchagua)

SEÑA

Dirección:	Av. Nueva Tajamar 481, Torre Sur, Of. 503, Providencia, Santiago.
E-mail:	ewexman@errarruziz.cl
Teléfono:	(56-2) 203 66 88
Sitio:	www.errazuriz.com
Valles:	Aconcagua

Puede que todo cambie cuando las parras del nuevo viñedo Seña, hacia el occidente del valle de Aconcagua, lleguen a su etapa adulta, moldeando su fruta gracias a la influencia del Pacífico. Sin embargo, este Seña 2001 muestra ahora su lado más generoso, licoroso, especiado y dulce. Un Seña para tener entre los favoritos de este año.

Vinos catados:	1
Vinos no recomendados:	0
Vinos recomendados:	1

Tinto recomendado

SEÑA 2001
(Aconcagua)
$ 45.000   **90**

Quizás sea por su lado dulce o por la suavidad casi licorosa de sus taninos, el hecho es que este vino me recuerda a los tintos del Mediterráneo. Una calidez unida a especias dulces que me resulta totalmente seductora. Por cierto que el cálido Aconcagua tiene mucho que ver en esta sensación. Una fruta rica en dulzor, pero a la vez moldeada por taninos rígidos, concentrados en la dura tarea de levantar la fuerza de este vino. Muy logrado.

SIEGEL

Dirección:	La Laguna s/n
	San Fernando.
E-mail:	gbobadilla@siegelvinos.cl
Teléfono:	(56-72) 711 229
Sitio:	www.siegelvinos.com
Valles:	Colchagua

A pesar de lo que indica el recuadro de vinos catados y recomendados, la entrega de Siegel me gustó. Se debe tener en cuenta, claro, que el fuerte de esta bodega –como todas las de Colchagua- no se encuentra precisamente en los blancos. Los tintos, en cambio, me parecen especialmente sólidos este año. Los tres recomendados transitan entre simples y agradables hasta complejos y ambiciosos. Una buena muestra de esta pujante bodega colchagüina.

Vinos catados:	9
Vinos no recomendados:	6
Vinos recomendados:	3

Tintos recomendados

GRAN CRUCERO CARMENÈRE 2001
(Colchagua)
$ 9.500   **85**

Jugoso y con buena estructura, sorprendentemente fresco para ser de Colchagua y con unos taninos punzantes pero nada de agresivos. Bastante buen carmenère.

GRAN CRUCERO SYRAH 2001
(Colchagua)
$ 9.500   **86**

Dulce y especiado, este syrah tiene en boca una textura deliciosa, como si se tratara de pequeños colchones que caen sobre la lengua. Jugoso y con su cuerpo bien formado. Les va a gustar.

EL CRUCERO RESERVA CABERNET SAUVIGNON 2001
(Colchagua)
$ 4.800   88

Pongan atención. Este cabernet es jugoso, tiene una fruta viva que,
por su fuerza y sus notas licorosas, me recuerda a Apalta. También hay
taninos levemente rústicos, pero que cumplen su tarea de apoyar la
fruta y realzarla. Las notas a cassis y cerezas negras vibran sobre la
lengua. Muy logrado.

Blancos no recomendados
Crucero Sauvignon Blanc 2003 (Curicó)
Crucero Chardonnay 2003 (Valle Central)
El Crucero Reserva Chardonnay 2001 (Colchagua)

Tintos no recomendados
Crucero Merlot 2001 (Colchagua)
El Crucero Reserva Merlot 2001 (Colchagua)
Crucero Cabernet Sauvignon 2001 (Colchagua)

CASA SILVA

Dirección:	Casilla 97, San Fernando.
E-mail:	casasilva@casasilva.cl
Teléfono:	(56-2) 72- 716519
Sitio:	www.casasilva.cl
Valles:	Colchagua

La primera etapa de inserción de Casa Silva en el mercado fue abordada con los viñedos de Angostura, esas viejas parras en la frontera septentrional del valle de Colchagua. Hoy, en cambio, enfrenta una nueva etapa, gracias a la madurez de las parras de sus nuevos viñedos en Lolol, hacia la parte occidental del valle, y en Los Lingues, un viñedo precioso ubicado al Este del valle, lleno de lomajes a los pies de Los Andes. Mientras Lolol ofrece enormes posibilidades para el syrah, Los Lingues se orienta con fuerza hacia el cabernet sauvignon y el carmenère. Un poco más de edad en esas parras y un poco más de experiencia manejándolas, redundará en vinos que, yo creo, ni Casa Silva sueña. ¿Blancos? Para qué. No le veo sentido. Quizás viognier, pero paremos de contar. El clima grita tintos gruesos y con personalidad.

Vinos catados:	20
Vinos no recomendados:	9
Vinos recomendados:	11

Blancos recomendados

ANGOSTURA SAUVIGNON GRIS 2003
(Colchagua)
$ 5.700   82

Lo mejor de este sauvignon gris es su nariz. Frutas blancas maduras, cercanas a los duraznos y, también, algo de miel que aparece con fuerza. Adorable. Luego, en la boca, le falta cuerpo y acidez, pero se bebe sin problemas. Como ejemplo de la variedad, bueno.

SINGLE VINEYARD RESERVE LOLOL
VIOGNIER 2003 (Colchagua)
$ 5.700   84

Este es un vino al que es necesario ponerle atención. La nariz es una suerte de bombita que explota con sus notas a flores blancas y limones maduros, casi en almíbar, mientras que en el paladar es pura potencia, potencia en alcohol (quizás mucho, para ser honesto), en gusto a fruta (lo que salva al vino) y un final levemente amargo y cálido. Bébanlo bien frío para disminuir esa sensación quemante o, si prefieren, elijan un buen trozo de atún a la plancha, con jengibre.

Tintos Recomendados

SINGLE VINEYARD RESERVE ANGOSTURA MERLOT 2001
(Colchagua)
$ 5.700   85

Las frutas rojas dulces arman una pequeña fiesta en la nariz. En la boca hay potencia y, quizás, un par de taninos de más. Pero, aún así, un buen gusto a fruta logra el equilibrio. Mejor todavía si tienen a mano un sandwich de arrollado como el que preparan en el Club Social de Santa Cruz, la capital de Colchagua.

CELLAR CLASSIC CARMENÈRE 2002
(Colchagua)
$ 3.600   85

Aunque los aromas a pimentón verde están presente (aromas relacionados con la falta de madurez de las uvas), también hay pimienta negra y cerezas. La boca es concentrada, pero a la vez amable, digna de un simple y directo carmenère. Vayan por una lengua nogada.

SINGLE VINEYARD RESERVE LOS LINGUES CARMENÈRE 2002
(Colchagua)
$ 5.700

87

Mezclando también las notas vegetales con las frutas negras y las especias, este carmenère tiene una mayor ambición que su contrapartida Classic. Concentrado, fresco y vibrante, es un vino que, más que seducir, impresiona. Muy joven aún, necesita calmar esos taninos para que la textura del carmenère salga a flote.

DOÑA DOMINGA SHIRAZ 2002
(Colchagua)
$ 2.300

85

Simple, jugoso y suave, aquí tienen un shiraz -o syrah- para el fin de semana, cuando la textura amable y el gusto a moras sirvan de compañero de una pizza napolitana.

CELLAR CLASSIC SHIRAZ 2002
(Colchagua)
$ 3.600

86

Mediterráneo en su fruta madura y dulce, aquí se nota una mayor preocupación, sobre todo a la hora de escoger la carga frutal. La boca se siente tensa y potente, pero el alcohol se las arregla para darle suavidad. Los taninos nadan y pinchan, pero no molestan.

SINGLE VINEYARD RESERVE LOLOL SYRAH 2001
(Colchagua)
$ 5.700

89

Jugoso, pura fruta roja madura. Sientan las frambuesas en almíbar, las notas a canela. Los taninos se funden en la profundidad de la fruta. Lolol es el campo más nuevo de Casa Silva, hacia el occidente de Colchagua y a pocos kilómetros del mar. Esa cercanía con el mar, sin embargo, está interrumpida por las lomas de la Cordillera de la Costa que forman en el campo de los Silva un mesoclima cálido de noches frescas. Ideal para obtener un syrah de textura suave y de buena carga frutal. Lo van a disfrutar.

CELLAR CLASSIC CABERNET SAUVIGNON 2001
(Colchagua)
$ 3.600   **83**

Amable, dulce, suave. Este cabernet no le hace daño a nadie. Se bebe fácil y a mí, por lo menos, me va perfecto con las empanadas de pino que se venden en el Mercado de Providencia.

SINGLE VINEYARD RESERVE LOS LINGUES
CABERNET SAUVIGNON 2001 (Colchagua)
$ 5.700   **87**

El cabernet sauvignon de Colchagua tiene sus altos y sus bajos. En años demasiado cálidos, sencillamente se nubla de dulzor y se vuelve chato. En años más frescos como 2001, muestra frescura y vivacidad, como en este ejemplo de Casa Silva en su campo de Los Lingues. Este viñedo se encuentra en la frontera oriental de Colchagua, hacia Los Andes. Esa cercanía le otorga frescor y, aunque la fruta sigue siendo madura y dulce, los taninos tensos y firmes delatan esas noches frescas sobre los lomajes de Los Lingues. Sólido cabernet.

QUINTA GENERACIÓN 2001
(Colchagua)
$ 8.900   **89**

Los Lingues muestra aquí todo su potencial. Antes que la fruta extra madura de sus contrapartidas colchagüinas del oeste del valle, la ubicación de este viñedo (80% de la mezcla de este Quinta Generación) cercana a Los Andes, en un mesoclima de mayores amplitudes térmicas, logra que la fruta se muestre mucho más viva y que los taninos tomen la iniciativa cuando se trata de construir la estructura de esta mezcla entre cabernet sauvignon (47.5%), carmenère (47,5%) y petit verdot (5%). Hay cierta elegancia en la arquitectura de este tinto, un cierto carácter que va más allá de la vocación comercial de los vinos de Casa Silva. Por ejemplo, es el único tinto que pide a gritos una chuleta de cordero a la parrilla.

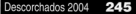

Blancos no recomendados

Cellar Classic Sauvignon Blanc 2003 (Colchagua)
Doña Dominga Chardonnay 2003 (Colchagua)
Cellar Classic Chardonnay 2003 (Colchagua)
Single Vineyard Reserve Angostura Chardonnay 2003 (Colchagua)
Quinta Generación 2001 (Colchagua)

Tintos no recomendados

Cellar Classic Merlot 2001 (Colchagua)
Doña Dominga Carmenère 2002 (Colchagua)
Doña Dominga Cabernet Sauvignon Merlot 2002 (Colchagua)

TABALÍ

Dirección:	Vitacura 4380, piso 3, Vitacura, Santiago.
E-mail:	mecarri@ccu.cl
Teléfono:	(56-2) 477 53 94
Sitio:	En construccion
Valle:	Limarí

Tabalí es el proyecto de la familia Luksic en el valle del Limarí. A cargo de la enólogo Irene Paiva (San Pedro), esta bodega muestra en su debut en el Descorchados vinos amables, marcados por el dulzor de la fruta y por la suavidad de sus texturas. No sé si eso es el terroir de Limarí. Tiendo a pensar que se trata, más bien, de una etapa de ensayos, de descubrimientos. Limarí está en ascenso.

Vinos catados:	6
Vinos no recomendados:	1
Vinos recomendados:	5

Blanco recomendado

RESERVE CHARDONNAY 2003
(Limarí)
$ 7.000   **86**

Láctico, la nariz huele a una extraña mezcla entre chirimoyas y plátanos con leche. La boca es levemente mineral, con una entretenida acidez que lucha por sobresalir entre tanta madurez de fruta. Interesante como proyecto.

Tintos recomendados

RESERVE MERLOT 2002
(Limarí)
$ 5.000   **82**

El dulzor y la suavidad de este merlot conmueven. Sírvanlo bien frío, junto a un medallón de atún.

RESERVE CARMENÈRE 2002
(Limarí)
$ 5.000

83

Es cierto. En la nariz se sienten bastantes notas vegetales, pero también a cerezas frescas que dan balance y evitan esa monotonía que puede dar el pimentón verde. La boca es suave y dulce. Adorable.

RESERVE SYRAH 2002
(Limarí)
$ 5.000

84

Mostrando la cara fresca, simple y casi ingenua del syrah, este ejemplo sigue la lógica de los demás vinos de Tabalí. Generosos en dulzor, suave, sencillo.

SPECIAL RESERVE VALLEY OF THE LIGHT 2002
(Limarí)
$ 9.000

86

Se ve inmediatamente que este es el vino más ambicioso de esta bodega. Y no sólo por la concentración en boca, sino sobre todo por los matices en la nariz y en el paladar. Hay un mayor uso de la madera, lo que le entrega notas más especiadas. Al mismo tiempo, la boca se siente en mejor equilibrio. Ya no es tan dulce. Hay más frescor.

Tintos no recomendados
Reserve Cabernet Sauvignon 2002 (Limarí)

CASA TAMAYA

Dirección:	Concordia 2255 piso 2, Providencia, Santiago.
E-mail:	vina@tamaya.cl
Teléfono:	(56-2) 650 84 90
Sitio:	www.tamaya.cl
Valles:	Limarí

Tamaya es un proyecto a cargo de Carlos Andrade, el pionero de la vitivinicultura en el valle del Limarí. En su primera entrega para el Descorchados del año pasado mostró parte de su potencial. Esta vez sigue en ascenso, poniendo énfasis en los tintos, en especial un delicioso Reserva Cabernet Sauvignon, que bien puede ser una de las ventanas al terroir del Limarí.

Vinos catados:	7
Vinos no recomendados:	3
Vinos recomendados:	4

Blancos recomendados

CHARDONNAY 2003
(Limarí)
$ 2.990   84

Ligero y fresco, con una suavidad en la boca que se funde en una chispeante acidez, las notas a manzanas rojas y duraznos de este chardonnay piden a gritos unos ostiones salteados, como los que pueden comer en la Av. del Mar, en la Serena.

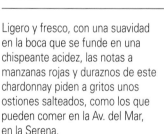

RESERVA VIOGNIER CHARDONNAY SAUVIGNON BLANC 2002 (Limarí)
$ 2.940   83

Aunque termina demasiado pronto, es decir, la fruta se va muy rápido una vez que se ha probado el vino, la textura es sedosa y la nariz amable, llena de flores y notas a chirimoyas.

Tintos recomendados

RESERVA MERLOT 2002
(Limarí)
$ 4.900

84

Un amable y simple merlot, su cuerpo ligero y su textura híper suave lo convierten en el compañero ideal de unos filetes de albacora.

RESERVA CABERNET SAUVIGNON 2002
(Limarí)
$ 4.990

86

El más logrado de los tintos de Tamaya. Aquí hay un delicioso jugo de cerezas maduras que refrescan el paladar. Denso, no se trata de un vino simple. Hay profundidad, potencia y, sobre todo, mucha fruta vibrante.

Blancos no recomendados
Reserva Viognier Chardonnay 2001 (Limarí)

Tintos no recomendados
Sangiovese 2002 (Limarí)
Reserva Carmenère 2002 (Limarí)

VIÑA CASA TAMAYA

TAMAYA
LIMARI VALLEY

Elegant and fine wines from the Limarí Valley, one of the most privileged valleys in the v

Available at Specialist Wine Shops, Restaurants and Ho

www.tamaya.cl

TERRA ANDINA

Dirección:	Apoquindo 3669, piso 6, Las Condes, Santiago.
E-mail:	cgermain@santarita.cl
Teléfono:	(56-2) 821 37 55
Sitio:	www.terraandina.com
Valle:	Rapel, Maipo

Terra Andina es un proyecto de Santa Rita, dirigido hoy por el enólogo Stefano Gandolini. La entrega de este año me deja en claro que la intención de Gandolini es conseguir vivacidad de fruta en sus vinos. En una escena internacional en que el tinto tiende a parecerse a la mermelada, es agradable encontrarse con una viña que busca el lado alegre de cada variedad. Por el momento, me parece un muy buen debut.

Vinos catados:	8
Vinos no recomendados:	4
Vinos recomendados:	4

Tintos recomendados

CARMENÈRE 2001
(Valle Central)
$ 1.890 $ⓈⓈ   85

La fruta es deliciosa. La nariz ofrece un atisbo de las notas a cerezas que luego, con súper generosidad, aparecerán en la boca. Suave, simple y, sobre todo, con una vivacidad frutal poco común por estos días de sobre madurez. Este carmenère está perfecto para las vacaciones de verano.

ALTO DE TERRA ANDINA CABERNET FRANC-MERLOT 2001
(Rapel)
$ 3.300   84

En un estilo similar al carmenère, esta mezcla tiene una estructura más importante gracias, principalmente, a la expresión de los taninos que se sienten y que, tal vez, están en desbalance con la concentración en gusto a fruta. Nada que unos seis meses en botella o un trozo de salmón no puedan arreglar. Otro buen tinto.

ALTO DE TERRA ANDINA SYRAH-CABERNET 2001
(Maipo)
$ 3.300   84

La fruta es más dulce que en los anteriores vinos pero, aún así, esta mezcla logra mantener la vivacidad en sus notas a guindas negras. Ideal junto a una tabla de fiambres. Sobre todo si es febrero que es cuando yo, al menos, espero tomar unas merecidas vacaciones.

ALTO DE TERRA ANDINA CABERNET SAUVIGNON 2002
(Maipo)
$ 3.300   87

Si Stefano Gandolini está evitando la sobre madurez de sus vinos -como me parece obvio- este cabernet tenía que mostrar notas especiadas, frescas cerezas y un cuerpo potente pero amable. Buena madurez se llama a eso.

Blancos no recomendados
Sauvignon Blanc 2003 (Valle Central)
Chardonnay 2003 (Valle Central)
Alto de Terra Andina Chardonnay 2001 (Casablanca)

Tintos no recomendados
Syrah 2001 (Valle Central)

TERRAMATER

Dirección:	Luis Thayer Ojeda 236, piso 6, Providencia, Santiago.
E-mail:	terramater@terramater.cl
Teléfono:	(56-2) 233 13 11
Sitio:	www.terramater.cl
Valle:	Maipo

El estilo de Terramater se basa en la calidez de su fruta sostenida en cuerpos ligeros. La sensación de dulzor se acentúa, además, por la baja acidez que ofrecen. En un camino similar al que toma, por ejemplo, MontGras en Colchagua, se debe tener precauciones a la hora de descorchar una botella. Lo más importante es no abusar con las alzas en la temperatura de servicio. El frío ayuda a que estos ejemplos muestren su personalidad.

Vinos catados:	8
Vinos no recomendados:	4
Vinos recomendados:	4

Tintos recomendados

RESERVA SHIRAZ 2001
(Valle Central)
$ 4.200   82

Especiado y sobre todo dulce, este syrah tiene buenos taninos que necesitan un asado de tira para lograr equilibrio.

MILLAMAN RESERVA SYRAH-MALBEC 2001
(Valle Central)
$ 3.900   84

Jugoso, especiado y dulce, esta cálida mezcla necesita de una media hora en el refrigerador para calmar su espíritu quemante. Sólo entonces vayan por salame y pan blanco.

ALTUM RESERVE CABERNET SAUVIGNON 2001
(Curicó)
$ 6.300   81

Jugoso, levemente más dulce de lo que yo quisiera. La boca ofrece taninos astringentes, pero hay fruta (dulce) detrás para evitar los embates secantes. Un lomito palta, por qué no.

MILLAMAN OLD VINES CABERNET SAUVIGNON-MALBEC
2001 (Curicó)
$ 3.900   85

Me gustan las especias en la nariz y en la boca, pero también las notas a guindas dulces y la textura firme de esta buena mezcla.

Blancos no recomendados
Reserva Chardonnay 2001 (Valle Central)

Tintos no recomendados
Millaman Reserva Zinfandel 2001 (Valle Central)
Zinfandel-Syrah 2002 (Maipo)
Mighty Gran Reserva Zinfandel 2001 (Maipo)

TERRAVID

Dirección:	Camino el Arpa, Alto Jahuel, Buin.
E-mail:	vinos@portaldelalto.cl
Teléfono:	(56-2) 821 91 78
Sitio:	www.portaldelalto.cl
Valles:	Maule

La unión entre el profesor Alejandro Hernández y la bodega Matarromera de España sigue entregando vinos simples y fáciles de entender. En Alcar se puede intuir la ambición, pero me gusta pensar que lo que busca este *joint venture* es balance antes que híper concentración, tan de moda por estos días en la vitivinicultura chilena y del mundo. Con vinos confiables y maduros, Terravid sigue mostrando solidez.

Vinos catados:	4
Vinos no recomendados:	1
Vinos recomendados:	3

Tintos recomendados

CARMENÈRE 2002
(Maule)
$ 5.900   84

Tengan en cuenta a este jugoso, casi achocolatado, suave y dulce carmenère. Correcto, simple y abordable.

CABERNET SAUVIGNON 2001
(Maule)
$ 5.900   83

Aunque la fruta es simple, cargada a las frambuesas maduras, la boca muestra taninos que le dan cierta complejidad gustativa. Otro tinto abordable.

ALCAR 2001
(Maule)
$ 16.900

85

Sin abandonar el estilo simple de Terravid, este vino muestra una mayor profundidad de fruta, con notas más maduras a cassis y cerezas, mientras que los taninos dulces y redondos son cómplices de un cuerpo medio y suave.

Blancos no recomendados
Chardonnay 2001 (Maule)

LAS CASAS DEL TOQUI

Dirección:	Hendaya 70, Las Condes, Santiago.
E-mail:	oficina@casasdeltoqui.cl
Teléfono:	(56-72) 551 197
Sitio:	www.vinadelarose.cl
Valles:	Cachapoal

Junto a otras viñas como Anakena, Torreón de Paredes o Los Boldos, la ya legendaria Casas del Toqui ha progresado notablemente en la búsqueda de una identidad de lugar que, en este caso, se encuentra a los pies de Los Andes, en el Alto Cachapoal. La influencia de la cordillera imprime en los vinos de Las Casas un frescor punzante en su fruta. Elegancia es una buena forma de definir este estilo.

Vinos catados:	9
Vinos no recomendados:	5
Vinos recomendados:	4

Tintos recomendados

CABERNET SAUVIGNON 2002
(Rapel)
$ 3.200   **85**

La fruta es fresca como una brisa fría. A eso se suman las especias cercanas a la pimienta negra. En la boca, aunque ligero, tiene taninos que aportan estructura y una jugosidad nuevamente refrescante. Un hijo de Los Andes.

RESERVE CABERNET SAUVIGNON 2002
(Rapel)
$ 4.900   88

En principio les puede parecer simple. Sin embargo, tras él hay una historia que se relaciona con la forma en que la cercanía de la cordillera moldea las cerezas de este cabernet, tan fresco y vivo que me recuerda una ensalada de frutas rojas a mitad de febrero. Muy bueno. En tiempos de sobre madurez, da gusto encontrar productores que hagan este tipo de vinos.

RESERVE PRESTIGE CABERNET SAUVIGNON 2001
(Cachapoal)
$ 7.200   86

Siguiendo la mísma lógica, este suave y amable cabernet nos cuenta de la influencia de Los Andes con su fruta fresca. Tienen que probar esta suave y aterciopelada versión del Alto Cachapoal.

LEYENDA 2001
(Cachapoal)
$ 28.000   89

La viva jugosidad de este tinto está en perfecta concordancia con el Alto Cachapoal. Cerezas y pimienta negra, taninos elegantes y punzantes. Otro logrado vino que no sólo es bueno, sino que también tiene sentido de origen, es decir, expresa el lugar en donde nació.

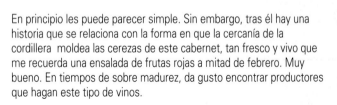

Blancos no recomendados
Sémillon 2002 (Rapel)
Chardonnay 2003 (Rapel)
Grande Reserve Chardonnay 2002 (Cachapoal)
Late Harvest Semillon 2002 (Cachapoal)
Tintos no recomendados
Merlot 2002 (Cachapoal)

TORREÓN DE PAREDES

Dirección:	Av. Apoquindo 5500, Las Condes, Santiago.
E-mail:	torreon@torreon.cl
Teléfono:	(56-2) 211 53 23
Sitio:	www.torreon.cl
Valles:	Rengo (Cachapoal)

Torreón de Paredes es otro de los hijos ilustres del Alto Cachapoal. Moderada por las brisas que bajan desde Los Andes, la fruta de Torreón se ha ido definiendo y hoy, en quizás una de sus más notables entregas, esa influencia es notoria. Hay madurez, quizás mucho más radical que Las Casas del Toqui –por nombrar un vecino- pero el punto es que siempre queda el espacio para darse cuenta de que la fruta es fresca, vibrante. En el cabernet es notorio; en el merlot también. La vieja guardia de las *viñas boutiques* nacionales ataca de nuevo.

Vinos catados:	6
Vinos no recomendados:	3
Vinos recomendados:	3

Tintos recomendados

MERLOT 2002
(Rengo)
$ 1.900   **85**

Una extraña mezcla entre dulzor y frescor. Por cierto, este no es otro vino híper maduro, sino uno que se ha cosechado en un buen momento. Y no sólo porque los taninos son dóciles y la fruta no parece quemada, sino también porque se sienten las cerezas como recién cortadas del árbol.

RESERVA MERLOT 2002
(Rengo)
$ 3.000

89

Este es un merlot delicioso. Tiene la concentración de un jugo de cerezas maduro, con leves notas a pimienta y canela que no se roban la película, sólo se mueven libremente entre la fruta. Denso, potente, casi oleoso, estamos ante un muy buen vino.

COLECCIÓN PRIVADA CABERNET SAUVIGNON 2001
(Rengo)
$ 5.900

89

Otro portento del Alto Cachapoal. Un bloque de fibra, especiado e intensísimo en su expresión fresca andina y en su elegancia. Aquí hay vino para rato. Yo que ustedes lo dejaba para una ocasión especial.

Blancos no recomendados
Sauvignon Blanc 2002 (Rengo)
Colección Privada Chardonnay 1999 (Rengo)

Rosé no recomendados
Rosé 2003 (Rengo)

MIGUEL TORRES

Dirección:	Panamericana Sur Km.195, Curicó.
E-mail:	mailadmin@migueltorres.cl
Teléfono:	(56-75) 564 100
Sitio:	www.torres.es
Valles:	Curicó

Cordillera es para mí un perfecto resumen de Miguel Torres y de sus ambiciones curicanas. Esa mezcla tan especial entre cariñena, syrah y merlot que me lleva directamente al Priorato, en donde Torres también tiene viñedos. Las violetas de la cariñena madura, nacida de viejas parras, tiene mucho en común con los pagos de Porrera, en el alto Priorat. La cariñena es una delicia, una de mis variedades favoritas. Y Torres la maneja muy bien. Para los amantes de emociones fuertes, en cambio, está el otro icono de la casa: Manso de Velasco, el súper recio cabernet, también de viejas parras. Y para todos los mortales, un buen puñado de varietales fieles a sus respectivas cepas. Muy buena entrega de Torres este año.

Vinos catados:	11
Vinos no recomendados:	3
Vinos recomendados:	8

Espumante recomendado

BRUT

$ 6.200   **82**

Ácido, nervioso, casi cítrico, este espumante tiene la virtud de ser el aperitivo ideal y, al mismo tiempo, soportar con decencia una docena de ostras.

SANTA DIGNA SAUVIGNON BLANC 2003
(Curicó)
$ 3.360 **84**

Denso, menos fresco que los Santa Digna anteriores, en especial el de la versión 2002. Echo de menos esa acidez jugosa, pero en cambio hay más volumen, mucho del cual viene del alcohol.

DON MIGUEL GEWÜRZTRAMINER-RIESLING 2003
(Curicó)
$ 4.450 **86**

La nariz de esta mezcla es intensa. Para mí predomina el gewürz, pero en la boca manda la acidez del riesling, con el peso de su compañero sólo como comparsa. Se bebe fácil y me interesa, además, porque puede evolucionar bien en la botella.

VENDIMIA TARDÍA 2002

$ 8.475 **87**

La nariz es dulce. Mermelada de naranjas y limones en almíbar. Goloso. El dulzor pesa en al boca, pero afortunadamente hay una excelente acidez para poner las cosas en su lugar. Muy logrado cosecha tardía, entre lo mejor de Chile.

SANTA DIGNA MERLOT 2002
(Curicó)
$ 3.875   **85**

No pierdan tiempo. Vayan a comprar este merlot y disfruten de su frutosidad, de su textura delicada y de ese dulzor que lo hace tan amable sobre la lengua. Rico y fácil de entender.

SANTA DIGNA CABERNET SAUVIGNON 2002
(Curicó)
$ 3.875   **85**

Otro muy buen varietal de Torres. Honesto con su cepa, aquí van a encontrar pimienta negra y cassis bañado por notas dulces a frambuesas que son aún más notorias en la lengua. Simple y apetitoso. Ideal para un risotto de hongos.

CORDILLERA 2000
Curicó)
$ 8.750   90

La nariz es adorable. Sientan cómo mandan las notas a violetas de la cariñena. En la boca es potente, abraza el paladar con sus notas a regaliz y cerezas negras en mermelada. Un vino mediterráneo que debe su calidad a viejas parras curicanas. El año pasado probé este vino y, aunque me gustó, no me impresionó. Hoy está total. Un símbolo de las ambiciones de Miguel Torres en Chile. Soberbio.

MANSO DE VELASCO 2000
(Curicó)
$ 14.000   89

A pesar de lo débil de la añada, las viejas parras que dan vida a Manso de Velasco se las ingenian para ofrecer este jugo híper maduro y concentrado de cabernet sauvignon. La nariz es ciruelas secas y canelas que hablan de la extra madurez de la fruta. La boca es tan salvaje y rústica como siempre. Y por eso este vino me encanta.

Blancos no recomendados
Santa Digna Chardonnay 2003 (Curicó)
Maquehua Chardonnay 2002 (Curicó)

Rosé recomendados
Santa Digna Rosé Cabernet Sauvignon 2003 (Curicó)

UNDURRAGA

Dirección:	Lota 2305, Providencia, Santiago.
E-mail:	info@undurraga.cl
Teléfono:	(56-2) 372 29 00
Sitio:	www.undurraga.cl
Valles:	Maipo, Colchagua, Lontué

Como es habitual, la mejor arma de Undurraga es su cabernet sauvignon del Fundo Santa Ana, esas viejas parras ubicadas en el Maipo occidental. El estilo de ese cabernet es más bien austero, enfocado en las especias y en la elegancia de los taninos, antes que en la súper expresión frutal de otros cabernet chilenos. Sin embargo, en el último par de cosechas parece que la jugosidad frutal se hace más evidente, sin dejar de lado su estilo elegante. Hay que trabajar aún más en los otros tintos. En el carmenère es donde los avances son más notorios.

Vinos Catados:	20
Vinos no Recomendados:	9
Vinos Recomendados:	11

Espumante recomendado
BRUT SUPREME 1999
(Maipo)
$ 12.600   **86**

A pesar de la madurez de la fruta, este espumante (mal llamado champagne en la etiqueta) ofrece esas agradables notas a tostado propias del contacto entre el vino y los restos de levaduras en la botella. El cuerpo es denso, admirablemente seco para un año tan caluroso como el 99 en el Maipo. Buen intento. Este Supreme sigue siendo uno de los buenos espumantes chilenos. No hay muchos.

SAUVIGNON BLANC RESERVA 2003
(Maipo)
$ 5.050   86

Las notas herbáceas predominan en este exuberante sauvignon. Buena potencia en nariz y una boca que se gana sus puntos gracias a la acidez jugosa que hace salivar al paladar. Me gusta. Hasta donde recuerdo, este es el mejor sauvignon que le he probado a Undurraga. Vayan por un cebiche de corvina apenas remojado en limón. Y no olviden el ají rocoto.

Tintos recomendados

MERLOT 2003
(Colchagua)
$ 1.750   82

Simple y directo. Ligero, pero fresco. Levemente especiado. Este merlot tiene la cuota suficiente de fruta como para acompañar a una pasta bañada en crema y champiñones. Una combinación para miércoles a la hora de almuerzo.

MERLOT RESERVA 2001
(Maipo)
$ 5.050   85

Este Reserva es un merlot más ambicioso. Por el momento las notas especiadas de la barrica nublan algo la nariz, pero hay una buena fruta detrás, frutas rojas maduras que se vuelven más presentes en la boca. Tomen este vino como un amable compañero para un charquicán en domingos otoñales.

CARMENÈRE 2003
(Colchagua)
$ 2.860   82

Dentro de la lógica de vinos varietales de Undurraga, este carmenère cumple. Hay fruta madura, leves notas vegetales, un cuerpo suave, taninos que acarician la boca, no mucho cuerpo. Todo en balance. Este vino no conmueve, pero tampoco daña. ¿Cazuela de pava?

CARMENÈRE RESERVA 2002
(Colchagua)
$ 5.050   **85**

Este carmenère está bien. Más que frutas hay especias. Y más que cuerpo hay taninos suaves y finos que mueven la fruta en el paladar. 2002 no fue una buena cosecha para Colchagua y aquí se siente en esa carencia de fuerza y en ese final corto. Sin embargo, no se van a decepcionar con este vino, sobre todo si lo acompañan con un estofado de pulpa de cerdo. No olviden la pimienta.

VIEJO ROBLE CABERNET SAUVIGNON RESERVA 2001
(Maipo)
$ 3.490   **82**

Más que frutas aquí hay especias. Lo que resulta bastante consecuente en la lógica de este siempre austero Viejo Roble. La gracia es que en el paladar hay frutas negras maduras y un final levemente astringente que pide unas prietas bien condimentadas. Un vino para embutidos.

CABERNET SAUVIGNON RESERVA 2001
(Maipo)
$ 5.050   **87**

La nariz es pura pimienta y clavo de olor, con frutas negras ácidas que buscan protagonismo. La boca es tensa, austera, dentro de la mejor tradición de los vinos de Undurraga. Aquí hay distancia, una cierta frialdad, pero también una generosa cuota de taninos que se muestran sólidos y a la vez amables. Buen vino. Unas chuletas de cerdo a la parrilla le vendría perfecto.

BODEGA DE FAMILIA CABERNET SAUVIGNON 2000
(Maipo)
$ 5.950   **87**

Primo de la versión reserva 2001 (¿o debiera decir hermano?), comparte con éste las frutas negras y las especias, la misma tensión en el paladar, la distancia unida a una cierta frialdad. Otra vez un buen vino de Undurraga, sobre todo pensando en que se trata de un 2000, cosecha débil en el Maipo.

FOUNDER´S COLLECTION 2000
(Maipo)
$ 16.900

88

Para ser del 2000, un año poco jugoso, este Founder´s es pura generosidad. La nariz es fruta negra madura y especias. La boca es tensa, los taninos envuelven el paladar y resaltan las notas a pimienta. El alcohol se siente y quema, pero tiene buena fruta para soportar esos embates. Las especias siguen mandando sobre un cuerpo medio y amable, mientras que la acidez se encarga de recordarnos que estamos hablando de un cabernet del Maipo, a fin de cuentas. Unas chuletas de cordero, reposadas en romero y luego a la parrilla. Apuesta segura.

ALTAZOR 2001
(Maipo)
$ 38.000

90

Desde 1999 Undurraga busca con este Altazor la máxima expresión de sus viejos viñedos del Fundo Santa Ana, en Talagante, en el lado occidental del Maipo. La versión de aquel año fue un trabajo en progreso. Esta segunda versión, producto de un año más fresco, pero quizás más adecuado para la mano de Guy Guimberteau, el prestigioso enólogo de Burdeos a cargo de este vino, ofrece notas especiadas y a frutas rojas que envuelven un cuerpo no necesariamente concentrado, pero sí con equilibrio y con abundante fruta. Sobra jugo de frutas.

Espumantes no recomendados
Espumantes
Espumante Brut (Maipo)

Blancos no recomendados
Sauvignon Blanc 2003 (Lontué)
Viejo Roble Sauvignon Blanc Reserva 2002 (Maipo)
Chardonnay 2003 (Maipo)
Chardonnay Reserva 2002 (Maipo)
Bodega de Familia Chardonnay 2000 (Maipo)
Gewürztraminer 2003 (Maipo)

Tintos no recomendados
Pinot Noir 2002 (Maipo)
Pinot Noir Reserva 2002 (Maipo)

VALDIVIESO

Dirección:	Celia Solar 55, Macul, Santiago.
E-mail:	info@valdiviesovineyards.com
Teléfono:	(56-2) 381 92 00
Sitio:	www.valdiviesovineyards.com
Valles:	Valle Central

Dejando de lado al estupendo Caballo Loco Número 6 (catado en la versión 2003 de Descorchados), lo que siento tras degustar los vinos de Valdivieso es continuidad. Desde que los conozco -hace ya varios años- han optado por un estilo internacional, sin carácter definido, apelando a la calidad, a la madurez de la fruta, a la suavidad. A vinos abordables, en definitiva. El pecado, al menos en esta breve entrega, es precisamente su falta de carácter, de sentido de origen. Pero su éxito comercial en mercados claves como el inglés es, al fin de cuentas, haber tenido la astucia de generar tintos -sobre todo tintos- que se entienden fácilmente. Y que se venden. No hay nada de malo en ello.

Vinos catados:	12
Vinos no recomendados:	8
Vinos recomendados:	4

Blanco recomendado

RESERVE CHARDONNAY 2002
(Casablanca)
$ 4.290   **83**

Las notas a aceitunas verdes y piñas se funden en la boca sobre un cuerpo ligero y fresco. Simple.

Tintos recomendados

SINGLE VINEYARD RESERVE MERLOT 2001
(Curicó)
$ 7.490   85

Este vino tiene la suavidad y la madurez de un tinto con vocación
comercial. La fruta se desliza por la boca golosamente. Les va a gustar.
No olviden servirlo frío para que el dulzor no los hostigue.

SINGLE VINEYARD RESERVE MALBEC 2000
(Maule)
$ 7.490   85

Echen un vistazo a la adorable nariz de este tinto. Especias indias,
cherries. Una delicia. La boca es algo ligera, menos de lo que prometía
pero, en general, bien. Suave y amable.

RESERVE CABERNET SAUVIGNON 1999
(Valle Central)
$ 4.290   83

Afrutado, simple, suave. Este cabernet tiene la sencillez de un amable
jugo de frutas.

Blancos no recomendados
Sauvignon Blanc 2003 (Valle Central)
Chardonnay 2003 (Valle Central)
Reserva Viognier 2002 (Maule)

Rosé no recomendados
Rosé Malbec 2003 (Valle Central)

Tintos no recomendados
Reserve Pinot Noir 2002 (Lontué)
Merlot 2002 (Valle Central)
Single Vineyard Reserve Cabernet Franc 2001 (Maule)
Reserve Syrah 2002 (Curicó)

LOS VASCOS

Dirección:	Av. Vitacura 2939 Of. 1903. Las Condes, Santiago.
E-mail:	mpce@losvascos.cl
Teléfono:	(56-2) 232 66 33
Sitio:	www.lafite.com
Valle:	Colchagua

Luego de la revolución cualitativa que implicó la llegada del enólogo Marco Puyó al departamento enológico de Los Vacos (un cambio que el Descorchados 2003 lo anotó claramente), este año la calidad sigue evolucionando. Por cierto, la diferencia ya no es tan notoria y, con cosechas más complejas (Le Dix 2000), es muy difícil lograr mejores puntajes. Pero aún así, yo confío en el trabajo de Marco y en lo que su mano obtendrá en el futuro de esos viñedos en Peralillo, hacia el oeste de Colchagua.

Vinos catados:	6
Vinos no recomendados:	3
Vinos recomendados:	3

Tintos recomendados

CABERNET SAUVIGNON 2002
(Colchagua)
$ 4.200　　　　　　　　　84

La fruta es dulce, como la mayoría de los cabernet en Colchagua, y la textura es suave, amable, casi ronronea en la boca. Rico y simple, para unas empanadas de pino.

GRANDE RESERVE CABERNET SAUVIGNON 2001
(Colchagua)

$ 8.200

87

Especiado, con notas a canela de la barrica y frutas rojas bien dulces que se instalan sobre la lengua con generosa jugosidad. A pesar de ser un cabernet dulce, me gusta su acidez y su vigor. No cansa.

LE DIX CABERNET SAUVIGNON 2000
(Colchagua)

$ 42.000

87

Mucho más aristócrata, las frutas dulces de los cabernet de Colchagua se mezclan con pimienta negra, mientras en la boca es suave, de cuerpo medio, pero de un gran balance. Nada parece sobrar.

Blancos no recomendados
Sauvignon Blanc 2003 (Casablanca)
Chardonnay 2003 (Casablanca)

Rosé no recomendados
Rosé Cabernet Sauvignon 2003 (Colchagua)

VENTISQUERO

Dirección:	Camino La Estrella 401, Of. 5, Punta de Cortés, Rancagua. Casilla 333.
E-mail:	info@vventisquero.cl
Teléfono:	(56-72) 201 240
Sitio:	www.vventisquero.cl
Valles:	Rapel, Maipo, Casablanca

Cuando el año pasado la viña Ventisquero debutó en el Descorchados, me sorprendió la solidez de sus vinos. Sin ser espectaculares, había una calidad consistente. Este año, con una batería de 26 vinos, el asunto sigue viento en popa. Hay muy buenos ejemplos, desde un sauvignon tan fresco como oleoso hasta un estupendo carmenère, digno de tener en cuenta a la hora de hablar sobre el futuro de esta cepa. El resumen es más que bueno.

Vinos catados:	26
Vinos no recomendados:	11
Vinos recomendados:	15

Blancos recomendados

RESERVA SAUVIGNON BLANC 2003
(Casablanca)

$ 3.400   **89**

La nariz está llena de hierbas y manzanas verdes, con una intensidad envidiable, mientras que la boca es madura, casi oleosa. Las notas verdes se transforman en duraznos blancos maduros. Loco vino, pero muy bueno, sobre todo si tienen unos calamares a mano. Fríos, con limón, aceite de oliva y pimienta.

SELECCIÓN CHARDONNAY 2002
(Casablanca)

$ 2.500   **85**

Aunque la fruta de este chardonnay es madura, cercana al plátano y a las chirimoyas, en la boca tiene una chispeante acidez que necesita de frío para potenciarse. Bueno y simple.

Tintos recomendados

SELECCIÓN MERLOT 2002
(Colchagua)

$ 2.500   **85**

Recio, especiado, duro a veces, este merlot necesita de unas chuletas de cerdo para suavizar su ímpetu. Decántenlo o bien abran esta botella de aquí a un año.

RESERVA MERLOT 2002
(Maipo)

$ 3.400   **87**

Por el momento la madera está mandando y cubre la buena fruta que este concentrado merlot tiene para nosotros. También recio, aquí la madurez de las cerezas y ciruelas dará que hablar.

GREY MERLOT 2001
(Maipo)

$ 8.000   **88**

Este es un vino que necesita de tiempo. Si se sienten impacientes porque se han dado cuenta de que la fruta detrás de toda esa madera y taninos es riquísima, decanten esta botella y acompáñenla con un curry de cordero. Si no, ábranla de aquí a dos años.

RESERVA CARMENÈRE 2002
(Maipo)
$ 3.400   83

Jugoso, suave, afrutado y con buena madurez, este carmenère se bebe fácil. Para realzar su lado frutal, sírvanlo algo más frío de lo habitual.

GRAN RESERVA CARMENÈRE 2002
(Maipo)
$ 5.500   90

Vaya, vaya. Aquí las cosas se ponen serias. Sientan la fuerza de este carmenère,
la fruta dura, fresca, tensa, deslizándose
a tropezones por el paladar. No hay nada
verde, pero sí un lado herbáceo que
no hay que confundir con los famosos
pimentones verdes de la cepa. Intenso,
profundo, aquí tienen vino para rato.

GREY CARMENÈRE 2001
(Maipo)
$ 8.000   87

Me encanta la madurez de este tinto. Sin caer en las notas licorosas (a veces muy cansadoras) aquí hay frambuesas en mermelada que se proyectan en un paladar suave y dulce.

RESERVA SYRAH 2002
(Maipo)
$ 3.400   84

Especiado, con las notas a canela que marcan la nariz, este suave syrah debiera formar una buena pareja con un choripán.

GRAN RESERVA SYRAH 2001
(Maipo)

$ 5.500 86

Aunque no es el syrah de nuestros sueños, aquí hay notas a canela y curry confundidas con notas a dulce de mora. Logrado.

GREY SYRAH 2001
(Maipo)

$ 8.000 86

Duro en un comienzo, a medida que se oxigena la copa van apareciendo las notas a moras, canela y cúrcuma. Dulce en nariz, en boca se siente tenso debido a unos taninos todavía muy jóvenes. Denle un par de años y obtendrán mejores dividendos.

SELECCIÓN CABERNET SAUVIGNON 2002
(Colchagua)

$ 2.500 83

Suave, directo y con buena fruta negra ácida, aquí tienen un cabernet para las empanadas del domingo

RESERVA CABERNET SAUVIGNON 2002
(Maipo)

$ 3.400 84

En la nariz hay menta y cerezas negras. En la boca predomina el dulzor, generando un cabernet algo unidimensional, aunque totalmente bebible. Sobre todo con un chapsui de carne de vacuno.

GRAN RESERVA CABERNET SAUVIGNON 2001
(Maipo)
$ 5.500   88

Las especias dulces de la madera mandan en la boca y en el paladar de este jovencísimo, casi infantil, cabernet. Sin embargo, cuando dentro de un par de años la madera se haya retirado, aparecerá la fruta potente y madura. Paciencia.

GREY CABERNET SAUVIGNON 2001
(Maipo)
$ 8.000   85

La fruta se muestra con fuerza junto a las especias y notas tostadas de la madera. Al comienzo del paladar esa potencia sigue, pero luego decae y el vino se siente vacío. Un cordero al palo podría ayudar.

Blancos no recomendados
Clásico Chardonnay 2003 (Rapel)
Reserva Chardonnay 2002 (Casablanca)
Gran Reserva Chardonnay 2002 (Casablanca)

Tintos no recomendados
Selección Pinot Noir 2002
Reserva Pinot Noir 2002
Clásico Merlot 2002 (Colchagua)
Gran Reserva Merlot 2001 (Maipo)
Selección Carmenère 2002 (Colchagua)
Clásico Syrah 2002 (Maipo)
Selección Syrah 2002 (Colchagua)
Clásico Cabernet Sauvignon 2002 (Colchagua)

VERAMONTE

Dirección:	Ruta 68, Km. 66, Casablanca.
E-mail:	salaventas@veramonte.cl
Teléfono:	(56-32) 742 42
Sitio:	www.veramonte.cl
Valles:	Casablanca, Maipo.

Buenas noticias llegan desde Veramonte. Primero, un siempre consistente sauvignon blanc. Luego, un cabernet sauvignon delicioso. Más tarde pueden beber el Primus, un tinto delicado, fiel reflejo de la fruta de Casablanca alto, la zona más cálida de este frío valle. Y el tour no estaría completo si no prueban el Merlot 2002. ¿De dónde sacó esas uvas Rafael Tirado? No tengo idea. Lo que sí sé es que son de una jugosidad pocas veces vista en Veramonte. Cómprenlo apenas esté disponible. Les va a gustar.

Vinos catados:	6
Vinos no recomendados:	2
Vinos recomendados:	4

Blanco recomendado

SAUVIGNON BLANC 2003
(Casablanca)
$ 4.900   87

Captando la intensidad de la fruta de Casablanca, este es un sauvignon maduro, potente. Sientan el peso en la boca y el alcohol merodeando por ahí. La acidez, en todo caso, salva la situación, convirtiendo a este recio sauvignon en el compañero ideal para unos calamares a la romana.

Tintos recomendados

MERLOT 2002
(Casablanca)
$ 4.900

90

Concentrado pero amable. Este merlot se desliza en la boca con su fruta roja madura –al menos para el frío Casablanca- envolviendo la lengua, abrazándola. Fresco y vivo, este es un gran merlot del valle.

CABERNET SAUVIGNON 2002
(Maipo)
$ 4.900

87

Especiado y fresco, la estructura del cabernet se siente en el paladar con sus taninos que pinchan sin ser para nada agresivos. Un punto y a parte es la concentración de este merlot. Rafael Tirado, el enólogo de Veramonte, ha reducido los rendimientos de sus parras de merlot hasta obtener en este ejemplo una sustancia densa, compacta, fresca y recia como la brisa de Casablanca. Un merlot duro pero a la vez generoso en fruta.

PRIMUS 2001
(Casablanca)
$ 11.000

88

Delicado, dulce, lleno de canela y clavo de olor, la textura de esta mezcla es suave como la seda. El final es algo dulce, pero eso se remedia con la generosidad frutal y la forma controlada en que se disemina por la lengua.

Blancos no recomendados
Chardonnay 2002 (Casablanca)

Tintos no recomendados
Pinot Noir 2002 (Casablanca)

VILLARD

Dirección:	La Concepción 165, Of. 507, Providencia, Santiago.
E-mail:	info@villard.cl
Teléfono:	(56-2) 235 77 15
Sitio:	www.villard.cl
Valle:	Casablanca, Maipo

La entrega de este año de Villard ha sido blanca y, además, concentrada. Luego de catar esta breve muestra, les aconsejo que vayan a la segura porque –excepto el chardonnay- los vinos blancos de Villard tienen garra. El sauvignon es un portento alcohólico y maduro, mientras que El Noble es pura complejidad dulce.

Vinos catados:	3
Vinos no recomendados:	1
Vinos recomendados:	2

Blancos recomendados

EXPRESIÓN SAUVIGNON BLANC 2003
(Casablanca)
$ 4.600   87

Este es un potente sauvignon de Casablanca. Una lucha mano a mano entre el alcohol y la concentración en gusto a frutas blancas frescas. La acidez ayuda pero igual se siente una sensación quemante rondando por el paladar. Bien frío, la guerra la gana el frescor.

EL NOBLE SAUVIGNON BLANC 2000
(Casablanca)
$7.800   89

Este estupendo blanco de cosecha tardía es una profundidad de
sabores en naranjas confitadas y limones en almíbar. Cítrico, fresco,
pero a la vez denso y potente. Muy bien logrado.

Blancos no recomendados
Expresión Chardonnay 2000 (Casablanca)

VIÑA MAR

Dirección:	Camino Interior Mundo Nuevo s/n, Ruta 68, km 72, Casablanca.
E-mail:	lsanhueza@misionesderengo.cl
Teléfono:	(56-32) 741 703
Sitio:	En construcción
Valle:	Casablanca

Viña Mar es el evocativo nombre del nuevo proyecto de Tarapacá en Casablanca. Al mando está el enólogo Sergio Correa quien, con una vasta trayectoria en el mundo del vino chileno, tiene ahora un nuevo desafío con esta bodega. En su debut en el Descorchados, Viña Mar me sorprende más por sus tintos que por sus blancos. Estos últimos algo apagados en comparación con la suave, fresca y simple fruta de, por ejemplo, el merlot varietal 2002. El camino que veo ahora es tratar de darle una mayor intensidad a esa fruta, para ofrecernos así más capas de sabores. Más para disfrutar, en el fondo.

Vinos catados:	6
Vinos no recomendados:	3
Vinos recomendados:	3

Tintos recomendados

PINOT NOIR 2002
(Casablanca)
$ 2.800   81

Las notas a frambuesas maduras y a rosas se muestra en la nariz con una alta intensidad. La boca es ligera, leve, suave pero fresca. Junto a un filete de corvina a la parrilla puede ir bien.

2002
PINOT NOIR
VIÑA MAR s.a.
D.O. VALLE DE CASABLANCA
CHILE

MERLOT 2002
(Casablanca)
$ 2.800

84

Suave, afrutado, simple y enfocado en la expresión
de las frambuesas maduras y las notas a hierbas.
Este vino es fresco como él solo. Nada molesta,
todo es textura aterciopelada.

RESERVA CABERNET-CARMENÈRE 2002
(Casablanca)
$ 3.500

83

Sí, es cierto, hay una nota vegetal rondando, pero
también hay fruta fresca y, tal como el tinto anterior,
una textura que a mí me gusta: suave y refrescante.

Blancos no recomendados
Sauvignon Blanc 2002 (Casablanca)
Chardonnay 2002 (Casablanca)
Reserva Chardonnay 2002 (Casablanca)

VIU MANENT

Dirección:	Av. Antonio Varas 2740, Ñuñoa, Santiago.
E-mail:	export@viumanent.cl
Teléfono:	(56-2) 379 00 20
Sitio:	www.viumanent.cl
Valles:	Colchagua

Se nota que Viu se esfuerza por doblarle la mano al cálido clima de Colchagua. De tal modo que pone todo su empeño en diseñar un sauvignon que la pelee. Sin embargo, esta bodega es sobre todo malbec. Hace unos meses tuve la oportunidad de catar una vertical de esta cepa y el carácter de esos vinos me alucinó. Fuerza, a veces delicadeza, pero siempre teñidos de personalidad. Los malbec de Viu son un punto y a parte en la búsqueda de identidad en esta uva. La entrega de este año me lo confirma: Viu es un maestro del malbec. Incluso si se le compara con los mejores ejemplos de Mendoza. El Special Selection es magnífico. Y para qué hablar de Viu 1. Aunque sus tintos son concentrados, rudos y potentes, los malbec definen el potencial de esta bodega. Si, en un Mundo de Fantasía, Patricio Viu me llamara, seguiría con el malbec hasta las últimas consecuencias. 1 es total. Special Selection es elegante. Vaya vinos.

Vinos catados:	16
Vinos no recomendados:	6
Vinos recomendados:	10

RESERVE SAUVIGNON BLANC 2003
(Colchagua)
$ 5.500   **85**

Yo no tengo problemas con los sauvignon
verdes que, como en este caso, también
huelen a frutas y no sólo a pasto. Una rica
y crujiente acidez completan el cuadro de
este sauvignon que lucha de frente contra el
calor de Colchagua.

Tintos recomendados

RESERVA MERLOT 2002
(Colchagua)
$ 5.500   **82**

Unos cinco minutos en la copa pueden hacer que los taninos de este
rudo merlot se vuelvan más suaves y la fruta negra aparezca entre esa
aspereza. La paciencia pagará, seguro.

CARMENÈRE 2002
(Colchagua)
$ 2.700   **85**

Aprovechen las cerezas confitadas de este simple, maduro y abordable
carmenère. Mejor si tienen a mano unas berenjenas grilladas con
abundante aceite de oliva

RESERVA CARMENÈRE 2002
(Colchagua)
$ 5.500   **86**

La fruta de este carmenère es negra, dura, austera. Las cerezas se
resisten a entregar sus aromas y sólo dan acidez y fuerza en la boca.
Un carmenère potente como éste necesita decantación y, a la vez, de
un arrollado huaso en el hotel de Santa Cruz, frente a la plaza, en el
corazón mismo de Colchagua.

MALBEC 2002
(Colchagua)
$ 2.700   **83**

Muy joven todavía, este malbec no logra mostrar el potencial de la casa. Duro, negro, austero. Corran por el decantador.

RESERVA MALBEC 2001
(Colchagua)
$ 9.000   **87**

Guárdenlo. Aquí hay un malbec interesante pero, por el momento, demasiado robusto. La tensión de los taninos es tal que, al menos a mí, me cuesta entender la fruta. Sé que está madura, sé que es negra, pero me cuesta definirla. Bueno, en todo caso. Sólo es cosa de paciencia.

SPECIAL SELECTION MALBEC 2001
(Colchagua)
$ 5.500   **90**

Las frutas son negras (cerezas en almíbar), mientras que las especias son dulces e indias. El garam marsala manda y la cúrcuma del curry parece estar carreteando en la nariz. La boca también es potente, pero redonda, con la jugosidad necesaria como para ocupar todo el territorio del paladar. Hay pasión en este vino. Se los recomiendo a ciegas. El mejor Malbec Special Selection de Viu que yo conozco.

RESERVA CABERNET SAUVIGNON 2001
(Colchagua)
$ 5.500   **85**

La madurez de la fruta está más cerca del cassis que de las guindas negras. La boca es potente, con taninos fieros, algo desequilibrados, pero en sintonía con el estilo potente de Viu Manent cuando de tintos se trata. Busquen urgente un asado, el que sea.

SPECIAL SELECTION CABERNET SAUVIGNON 2000
(Colchagua)
$ 9.000   85

Gracias a una buena relación entre madera y fruta, las especias dulces de la barrica juegan de la mano con las notas licorosas de este recio cabernet. Un costillar de cerdo iría bien.

VIU 1 2001
(Colchagua)
$ 32.000   92

Faltan años para que este vino llegue a su apogeo. Hoy está lleno de fruta, de fuerza, de todo. Es un caos de taninos y aspereza, pero lo que hay tras esa dureza es de verdadera calidad. Las notas a cherries licorosos, a garam marsala, una cosa medio exótica, medio oriental, medio especiada, medio picante de su nariz, es una delicia que se proyecta a la boca llevada en andas por la dulzura súper madura de la fruta. Este es un gran vino. Uno de los mejores de Colchagua y, sin duda, uno de los mejores malbec en el cono sur, lo que equivale a decir "en el mundo".

Blancos no recomendados
Sauvignon Blanc 2003 (Colchagua)
Chardonnay 2003 (Colchagua)
Semillon 2003 (Colchagua)ç
Reserve Chardonnay 2002 (Colchagua)

Tintos no recomendados
Merlot 2002 (Colchagua)
Cabernet Sauvignon 2002 (Colchagua)

COYAM

Red Wine 2001

VOE (Viñedos Orgánicos Emiliana)

Dirección:	Av. Nueva Tajamar 481, Torre Sur Of. 701, Las Condes, Santiago.
E-mail:	info@bvsantaemiliana.cl
Teléfono:	(56-2) 353 91 35
Sitio:	www.voe.cl
Valles:	Colchagua, Maipo, Casablanca

VOE es el proyecto orgánico y biodinámico que hace ya dos años echó a andar la familia Guilisasti en el fundo Los Robles, sobre las laderas de las cadenas septentrionales de montes en Colchagua. Involucrado como enólogo jefe está Álvaro Espinoza, quien le ha impreso un sello particular a este interesantísimo proyecto. Por un lado el bio-dinamismo y, por otro, el estilo de los vinos que él mismo define como mediterráneos: vinos maduros, especiados, dulces de madurez de fruta. Coyam es la prueba. Vayan y pruébenlo, porque es uno de los vinos más sobresalientes en el Descorchados de este año.

Vinos catados:	1
Vinos no recomendados:	0
Vinos recomendados:	1

Tinto recomendado

COYAM 2001
$ 6.000   **91**

Intenso, especiado hasta decir basta, la nariz es oriental, con notas a garam marsala fundidas con notas a moras híper maduras. La boca es golosa, llena de vivacidad, pero dentro de la lógica de una fruta madura al límite. Los taninos nadan en alcohol y en concentración de moras y cerezas negras. La mezcla contiene carmenère, merlot, syrah, cabernet sauvignon y una pizca de mouvedre. Este estupendo tinto merece que lo tengan presente.

VON SIEBENTHAL

Dirección:	Calle O'Higgins s/n, Panquehue.
E-mail:	vonsiebenthalsa@msn.com
Teléfono:	(56-34) 591 827
Sitio:	En construcción.
Valles:	Aconcagua

El año pasado probé Carabantes 2002, un syrah de las laderas de Panquehue, en el valle de Aconcagua. Este año me llega el hasta ahora vino top de von Siebenthal, Montelig, una mezcla tinta en donde predomina el carácter de Colchagua. Sin duda un vino más ambicioso, con más aristas en las que fijarse. Von Siebenthal pertenece a ese pequeño grupo de bodegas que hoy concentra sus esfuerzos en uno o dos vinos y que apuntan sólo a la calidad. Con más cosechas en el cuerpo, este Montelig debiera ser uno de los principales vinos entre los de este grupo.

Vinos catados:	1
Vinos no recomendados:	0
Vinos recomendados:	1

Tinto Recomendado

MONTELIG 2002
(Colchagua)
$ 22.800   89

Por todos lados este tinto habla de Colchagua, del dulzor de sus frutas rojas, de la suavidad de los taninos. Este es un vino amable, antes que nada. Tras esa amabilidad subyace una carga frutal envidiable. Sientan cómo los taninos levantan las frambuesas en mermelada y cómo las notas a canela se sienten leves en el fondo. Este Montelig muestra la primera aproximación a la calidad que el suizo Mauro von Siebenthal espera obtener con esta bodega pequeña pero empeñosa. Un digno representante de los más cariñosos tintos colchagüinos. Vayan por una suave malaya.